核心素养视域下高中语文教学研究

张丽雪／著

辽宁人民出版社

图书在版编目（CIP）数据

核心素养视域下高中语文教学研究 / 张丽雪著．
沈阳：辽宁人民出版社，2025．3．-- ISBN 978-7-205
-11220-2

Ⅰ．G633．302

中国国家版本馆CIP数据核字第2024K8E915号

出版发行：辽宁人民出版社
地址：沈阳市和平区十一纬路25号 邮编：11003
电话：024-23284325（邮 购） 024-23284300（发行部）
http://www.lnpph.com.cn

印 刷：辽宁一诺广告印务有限公司

幅面尺寸：170mm×240mm

印 张：14

字 数：200千字

出版时间：2025年3月第1版

印刷时间：2025年3月第1次印刷

责任编辑：张天恒 王晓筱

装帧设计：识途文化

责任校对：吴艳杰

书 号：ISBN 978-7-205-11220-2

定 价：68.00元

前　言

随着《普通高中语文课程标准（2017年版）》的发布，“核心素养”“学习任务群”等概念的提出与普及，寓意着语文课程教学改革向更深处发展。由此，我国的普通高中语文教学也迎来了新时代。

核心素养的提出，必将在理论和实践上引起学校教育和学科教学的全方位变革。从学科教学层面说，核心素养理念的提出不仅引起教学内容、教学手段的变化，而且意味着包括教学价值取向、教学设计理念以及教学结果评价等方面的整体转型；从教学价值角度说，核心素养指向的是解决“教育应培养什么样的人”的问题，更体现“全人教育”思想；在教学内容方面，核心素养视域下的课堂教学更关注学科知识的双层意义，尤其要关注知识的文化意义，教学内容彰显文化意义、思维意义、价值意义，即“人的意义”。本书从核心素养的背景入手，介绍核心素养下高中语文教学的相关理论。

本书是一本探讨如何在核心素养的框架下进行高中语文教学的研究书籍。包含以下内容：

核心素养理论：介绍了什么是核心素养、核心素养在教育领域的应用，以及如何将核心素养理论融入语文教学中。

核心素养与语文教学的结合：讨论了如何将核心素养与语文教学有机结合，以促进学生语文素养的全面发展。

教学策略和实践：提出了一些在实际教学中可行的策略和方法，包括案例分析、教学活动设计等。

总的来说，本书旨在探讨如何通过核心素养理论指导高中语文教学，提升学生的语文素养水平。

目 录

第一章　绪论

第一节　高中语文教学概述

语文一直是学习生涯中的基础学科，它对于其他学科的学习有着重要的影响，因此语文的学习值得重视。新课程标准对语文教学提出了新的要求，高中语文教学改革迫在眉睫。随着新课程改革的开展，高中语文在教学实践与教学理论方面都取得了非常大的成就，但是在教学改革的过程中还存在一些问题亟待解决[①]。本节主要在分析高中语文课程教学理念、内涵、特点、影响因素。

一、高中语文课程的基本教学理念

（一）发挥育人功能，提高语文素养

高中语文课程的设置，是建立在九年制义务教育中语文课程所应该完成的基本任务基础上的，因而高中语文教学，不再是以语文基础知识的学习为主要任务，而应该是以全面育人为主要任务，以全面提高学生语文素养为根本目标。

①孙智国. 高中语文教学的挑战与机遇[J]. 陕西教育(教学版),2024(03):55-56.

高中语文课程要充分发挥语文的育人功能，全面提高学生的语文素养。

第一，必须遵循语文课程的育人优势原则。语文课程是汉语文化课程，它所体现出来的人文情感特征和人文精神诉求，使语文课程获得了独特的育人功能和育人方式，就前者而言，语文课程的育人功能的发挥，应重在人文情感的陶冶与熏染；就后者而论，语文课程育人功能的发挥，应该以审美、求真、扬善的方式来展开。唯有从这两个方面加以努力，才可能真正充分发挥语文课程的优势，使学生通过优秀文化的浸染，塑造热爱祖国和中华文明、献身人类进步事业的精神品格，培养健康美好的情感和奋发向上的人生态度。

第二，必须遵循语文课程的开放性原则。语文课程是汉语文化课程，它所体现出来的认知视野、情感视野、思维视野和思想视野，既是历史的，又是时代的，更是未来的。因而，高中语文课程要真正做到充分发挥育人功能，全面提高学生的语文素养，则应该“增进课程内容与社会发展、科技进步和学生成长的联系，引导学生积极参与实践活动，学习认识社会、认识自我、规划人生，在促进学生走向自立的教育中产生重要的作用”。

（二）注重能力培养，促进学生均衡、个性发展

根据高中语文课程的性质和三维教育的理念要求，高中语文课程实践课上肩负着两个根本任务：一是育人；二是育能。

高中语文课程育人功能所要达到的实际目的，是全面提高学生的语文素养。语文素养内涵丰富，但归纳起来主要有两个方面：一是汉语文化修养；二是汉语文化教养。就前者而言，培养学生的汉语文化修养，主要是指培养学生的汉语文化情感、汉语文化思想、汉语文化精神、汉语文化知识等方面的修养，通过这些方面的培养，使学生成为有较深厚的母语文化修养的人；就后者而论，就是培养学生的汉语文化人格、汉语文化尊严感、自豪感和汉语文化自信心、自强心。这是学生学会做

人、学会生活、学会劳动和创造的文化基石。

高中语文课程的育人功能全面发挥所要达到的实际目的，就是全面提高学生的语文应用能力、语文审美能力和语文探究能力，使学生的语文应用能力、语文审美能力、语文探究能力获得均衡发展，并在此基础上让学生有个性地发展自我的能力。

高中语文课程培养学生的语文应用能力，首先必须以学生已有的应用能力为基础，并在此基础上进一步注重语文的应用性特征，突出口语交际、阅读教学、综合实践学习和写作教学；其次应强调语文学习与生活的联系，突出语文学习与时代社会变化发展的联系，并以此帮助学生养成认真负责、实事求是的科学态度；最后必须注重语文课程的综合性特征和生态化要求，在语文应用能力的培养上，加强与其他课程的沟通，更新内容，以适应现实生活和学生自我发展的需要。

语文应用能力的培养需要有个性，需要知情意的全面发展，而审美教育有助于促进人的知情意全面发展。审美教育不仅培养学生知情意全面发展，是促进学生身心协调、健康成长的需要，而且也是未来生存发展的需要。高中语文课程之所以要担当起审美教育的重任，并把培养学生的审美能力作为基本的教学任务，其根本在于“语文具有重要的审美教育功能”。高中语文之所以具有重要的审美教育功能，就在于高中语文的基本内容是文章，是作品，是文学作品，是科技文章，是思想性文章。高中语文要充分发挥其审美教育功能，全面培养学生的审美能力，就必须要求高中语文课程关注学生情感的丰富和发展，让学生受到美的熏陶，培养自觉的审美意识和高尚的审美情趣，培养审美感知和审美创造的能力。

概括地讲，语文审美能力的培养是使语文应用能力获得个性化的必须方式；而语文探究能力的培养则是使语文应用能力具备创造品格与精神的必须方式。

（三）构建开放有序的语文课程

1.构建开放有序的语文课程原则

语文课程作为培养学生共同基础的课程，主要表现为语文必须担当起培养学生共同能力和共同教养的重任：语文培养学生的共同能力，主要表现为使每个学生通过语文课程的学习，具备自如、得体地运用母语语言、文化的能力，这种能力的具体表征为口语交际能力和写作能力，拓展开去而论，则是语文应用能力、语文审美能力和语文探究能力；语文培养学生的共同教养，就是培养学生学会做人、学会生活、学会认知、学会思想，具体地讲，就是培养具备求真、创美、扬善的能力、品质与精神。

培养学生的共同基础是语文课程的奠基教育；培养学生的个性发展是语文课程的创造力教育。将奠基教育和创造力教育结合起来所必须遵循的原则，就是遵循共同基础与多样选择相统一的原则。这一原则要求高中语文课程必须根据课程目标，精选适应时代发展需要的学习内容，变革学习方式，使全体学生都获得参与社会生活所必需的语文素养。同时，必须顾及学生在原有基础、自我发展方向和学习需求等方面的差异，激发学生的潜在能力，增强课程的选择性，为每一个学生创设更好的学习条件和更广阔的发展空间，促进学生特长和个性的发展。

2.构建开放有序的语文课程实施机制

高中语文要承担培养学生共同基础和个性发展的重任，必须遵循“共同基础与多样选择相统一的原则”。这一原则要求高中语文课程从三个方面建立起灵活有序的实施机制：第一，高中语文课程必须建立起面向世界、面向古今中外、面向生活实践的三维课程实施机制；第二，高中语文课程必须在维护“相对稳定的结构系统”基础上，构建富有弹性的课程实施机制，以满足不同学校和学生的需要，顺应社会的发展；第三，高中语文课程应以学校为单位，构建起富有个性的课程资源体系，基于这些具体要求，各个学校应在教育主管部门的指导下，按照具体条件和学生的需求，有选择地、有创造性地设计和实施课程，开发利用各方面的课程资源，建立互补互动的资源网络，发展教师的教学个性和业务特长，根据时代的需要建设开放、多样、有序的语文课程体系。

二、语文教学的内涵与特点

（一）语文教学的内涵

我国的语文教学是一种学生在教师的指导下，学习掌握语言，运用语言进行言语实践，训练提高言语技能的学校教学活动。

通常人们对语文教学的理解还包括：从内涵性质上看，语文教学是一个整体概念，包含着相互包容、相互作用的几个因素——口头语言的教学，书面语言的教学，相关的文学和文化素养的教学；语文教学的内涵决定于三个因素：语言因素——语言文字的特点；社会因素——社会制度、教育政策、文化背景；科学因素——语言科学、教育科学及其他相关科学的发展水平。语文教学是通过语言认知、语言传意、语言训练（以书面语为主）来提高人的思维、认识与表达能力和素养的。

从教学内容上看，传统的语文教学则主要包括识字教学、书法教学、读书教学、作文教学四个方面。语文教育的教学内容有三大支柱：语言教学（识字、写字教学）、文章读写教学（包括文言文教学）、文学作品欣赏教学，以语言教学为主。

从教学任务和目的上看，主要有两种观点。第一种观点认为语文教学的基本任务是培养学生读、写、听、说等运用语言工具的能力，即言语能力。语文教学的目的是提高语言能力，将培养学生的语言素质，即培养学生的言语能力放在第一位。第二种观点认为语文教学的目的与任务有三个：一是使学生受到真善美的教育与熏陶；二是让学生有一些文学素养；三是让学生具有一定的语文技能，即驾驭文字语言的能力。

从教学方法上看，作为教师指导学生实现语文预期教学目标过程中所采用的办法和措施，语文教学主要是围绕教材进行的课堂教学、训练及课外阅读辅导等方法。语文教学主要是指在学校课堂中以一种阅读材料为主体，加上预先设计的一定的方案和步骤，由教师按照一定的方法教给学生，学生在教师的帮助下学习、锻炼，提高读、写、听、说等运用母语的能力，即言语能力的教学活动。

从以上语文教学的各个方面都可以看出，语文教学离不开语言教学，语言教学是语文教学的核心。

（二）语文教学的特点

1.听说读写并重

既强调了语文教学的特点在于培养听说读写的基本能力，也表明了对各项能力间关系的认识。

听话能力、说话能力、阅读能力、写作能力是对语文基本能力的科学分析和准确概括，说到底，运用语言表情达意、交流信息，靠的就是这四种能力。因此，语文教学的主要任务，就是要想方设法提高学生这四项能力，这也是语文教学与其他学科教学的区别所在。

听说读写能力同样重要，听和读是语言信息的吸收，说和写是语言信息的倾吐，它们有内在的一致性。因此，高中语文教学将这四种能力并重，既看到它们之间的相同点也看到它们的区别，遵循其各自的规律，进行协同训练，以促进学生语文能力的平衡发展。

2.语言训练与思维训练联系密切

这是由语言与思维的关系决定的。语文能力就是综合运用语言的能力，而语言是离不开思维的。智力是语言的基础，而语言是思维的工具，因此，在进行语言训练的同时要进行思维训练，把语言训练与思维训练结合起来，统筹计划，统筹安排。

思维能力是智力的核心，智力发展是高中语文教学的目的之一，而这一目的是在语言训练过程中完成的。

语言训练中的思维训练还具有多样性的特点。首先是思维形式的多样性。如以概括为主要特征的求同思维，以从多维度进行概括为特征的求异思维，抽象思维与形象思维，创造思维；等等。其次是训练方式的多样性，由于语言与思维的天然联系，可以充分利用语言的训练进行多种方式的思维训练，如阅读训练中的分析、综合、抽象、概括，写作训练中的判断推理，文学欣赏中的形象思维训练；等等。

3.课内与课外的有机结合

课内与课外的有机结合是语文学科社会性特点在语文教学中的具体体现。社会是学生学习和应用语言的大课堂，语文教学的本质特征之一是它的社会性，一个人从牙牙学语开始，就在社会这个语言环境里接受语言训练，直到能够熟练地掌握语言工具为止。这种训练总是持续不断地进行着，这是一个潜移默化的过程，高中其他学科都没有这样的学习和训练的条件，因此，高中语文教学应为学生在社会中广泛地吸收知识提供基本的条件。语文教学应该成为课本和广阔的社会语言环境之间的联系纽带和强有力的催化剂，就是要语文的课堂教学与课外活动有机地结合起来，把语言训练与社会实践结合起来。

把课外活动仅仅看作是语文课堂教学的补充和延伸是不够的，课内与课外同样重要，要把学生的语文课外活动纳入教学计划，这样，课内课外互相贯通、互相协调、互相促进，共同完成语文教学任务。

三、高中语文教学的影响因素

（一）教师因素

教师是高中语文教学的重要因素，在高中语文教学中起着主导作用。在语文课堂上，教师主要充当两种角色，即掌控者和引导者。作为一名合格的语文教师，首先应该具有纯正的普通话发音。然而，并非所有的语文教师都具有纯正的普通话发音，所以教师可借助广播以及多媒体等手段来弥补自己的不足，确保学生在课堂上所听的内容都是纯正的。同时，教师在讲解词汇、句子、课文时，应该穿插一些解释，对难懂的词语要不断重复讲解。

在多数语文课堂上，教师的讲话占据课堂大部分的时间。不可否认，教师的讲话有利于培养学生的语言习惯，但也不能因此牺牲学生的练习时间。同时，教师还要注意不断变化教学的形式，以增强课堂的趣味性。一名合格的语文教师还应具有一定的应变能力，能预测课堂活动中出现的状况，能很好地处理课堂上的突发事件，确保课堂活动的有序开展。

此外，教师应该随时调整自己的提问方式、语言运用方式和提供反馈方式。

在语文课堂中，提问是教师常见的一种教学手段。通过提问，可以有效激发学生的学习兴趣，促使学生积极思考，帮助教师对某些知识结构进行诱导。

语言运用方式也很重要，为了让学生对所讲述的知识有一个充分的了解，教师在教学中可以采用重复话语、降低语速、增加停顿、改变发音、调整措辞、简化语法规则、调整语篇等措施。

学生是高中语文教学的重要反馈者。同样，教师的反馈也是十分重要的。所谓提供反馈，就是指教师为学生的学习情况提供反馈。教师的反馈可以是对学生话语的回答，如表示学生问答正确或错误、赞扬鼓励、扩展学生的答案、重复学生所答、总结学生回答、批评等。总之，教师的目的就是采用不同形式的教学方法，调动学生的积极性，扩展学生的知识面，培养学生的学习能力，提高整体教学的效果。

（二）学生因素

1.语言学习观念

语言学习观念指的是学生对语言学习的看法和观点。语言学习观念可以从不同的视角进行理解，其特点具体如下。

（1）稳定性

语言学习观念是学生知识储备体系中的一个重要组成部分。

（2）可描述性

学生可以借助提示或者回忆对自己的语言学习观念进行描述。

（3）易错性

学生的学习观念都是在各种情况下形成的，并非都是正确的。

（4）交互性

学习观念对学习中的很多因素都会产生深远影响，学生学习策略和学习方法的选择都会受其影响。

学习观念是影响学生学习的最重要的内在因素之一，大量的高中语文教学实践研究表明，成功的语言学生对于自己的学习策略和学习方法的选择、自身的知识水平等都有深刻的认识，因此能够针对不同的语言学习任务选择合适的语言学习方法和策略，以便于快速高效地完成任务。不成功的学生则对于任务的完成抱有一种消极的心态，这样也不利于其学习策略的选择和任务的完成。

2.学习潜能

学习潜能属于语文学习认知层面的因素，是一种能力的倾向。实际上，学习潜能就是说学生是否具备语言学习的天赋。通常情况下，要想努力提高学生的语文素质，就需要培养学生的综合能力，而学习潜能恰好能测试学生的语文学习水平。

需要指出的是，不同的学生，其学习潜能也存在明显的差异，因此在高中语文教学中，教师应该从学生自身的实际出发，制定符合学生的教学策略，从而努力提高教师的教学水平与学生的学习水平。

3.智力水平

与学习潜能一样，智力也属于人的认知层面的能力。所谓智力，是指具备高度的观察力、想象力、记忆力及逻辑思维能力的综合，对培养抽象思维、习得语言、解决问题具有重要的意义。而智力水平是学生本身智力所能达到的程度，它对于高中语文教学也有着深远的影响。

在高中语文教学中，教师对学生的智力水平有一个清晰的把握，有助于运用恰当的方法传授给学生语文学习的策略和技巧。同样，学生自身对自己智力水平有明确的了解也有助于自身语文学习方法的形成，并将这些方法灵活地运用到实际情况中，顺利地进行交际。

4.学习动机

学习动机就是通过激发学生的学习活动，使学生朝着既定的目标或方向努力的一种心理状态，它直接推动学生不断培养自身学习方法，提升自身的语文水平。

（三）教学方法因素

在高中语文教学中，有很多教学方法都发挥着重要的作用，在很大程度上促进了高中语文教学的发展。这些教学方法包括直接法、听说法、视听法、认知法、功能法，以及由此派生出来的口语法、全身反应法、自然法、暗示法、沉默法、交际法等。实践证明，没有哪一种教学方法是最好的、最有效的，也没有哪一种方法适用于所有时期、所有地区、所有教学内容。如果教师在高中语文教学中采用一成不变的教学方法，必然会使学生感到厌烦。而且，不同的教学方法对不同的语言知识、语言技能各有侧重，只有综合、灵活地运用各种教学方法，才能有效促进学生语文学习能力的提高。

在高中语文教学中，无论用哪些教学方法，教师都必须以学生的语言交际为出发点，将教学与日常实际生活结合起来，鼓励学生创造性地、有目的地运用已学习的语言知识和技能。同时，教师应力求使教学过程交际化，教材内容选自真实生活的自然交际，使用适合学生年龄的材料，对处于不同阶段的学生采取不同的教学方法。

（四）教学内容因素

教学内容是指在教学活动中为实现教学目标，师生共同作用的知识、思想、观点、概念、原理、事实、技能、技巧、问题、行为习惯的总和。教学内容是学生认识和掌握的主要对象，是教师和学生进行教学活动的重要依据。没有教学内容，教学活动就无法进行。根据教育目标，选择并确定教学内容，研制课程计划、课程标准，编制教科书，在教学过程中发挥师生的主动性，活化教学内容并使学生有效掌握，是保证高质量人才培养的重要前提。可见，教学内容也是影响高中语文教学的重要因素。归纳起来，高中语文教学的内容主要包括以下几个方面：

1.语言知识

语言知识是综合运用能力的有机组成部分，也是语言学习和语言运用的重要内容之一。没有扎实的语言知识作为基础，就不可能掌握较强的语言能力。

2.语言技能

学生在学习和运用语言时必备的四项基本语言技能是听、说、读、写，这四项基本语言技能是学生形成综合语言运用能力的重要基础和重要手段。高中语文教学内容必须包括听、说、读、写四个方面的语言技能及其综合运用能力，为学生提供体验语言和感知语言的机会，促进学生更加熟练地掌握语言知识。

3.学习策略

学习策略指学生为有效地学习和发展而采取的各种行动和步骤。语文的学习策略包括认知策略、调控策略、交际策略和资源策略等。学习和培养正确的学习策略有助于提高学生学习语文的效率和效果，也有助于学生学会独立学习和自主学习，为学生的终身学习奠定基础。使用有效的语文学习策略，可以改进语文学习方式，提升语文学习效果，减少学习潜能偏低或智力发育迟滞学生的学习困难。教师在高中语文教学中要有意识地帮助学生形成适合自己的学习策略，对自己的学习过程、学习效果进行监控和反思，培养学生根据学习风格不断调整学习策略的能力，并引导学生学会观察他人的学习策略，同时通过与他人交流学习体会，尝试不同的学习策略。

（五）课堂的教学氛围

积极有效的高中语文课堂氛围能够加强教师与学生之间的情感交流以及信息沟通，也有利于教师及时了解学生的想法从而及时改进教学模式和策略。经过调查研究，现阶段大部分的高中生都是在焦虑和紧张的气氛中学习语文的，甚至盼望减少语文课的教学频率。众所周知，学生只有在宽松和谐的氛围中才能够提高学习的兴趣和注意力，而紧张的课堂氛围会使得学生的语文成绩进步较慢甚至会出现下滑的趋势，进而降低高中语文课堂教学的效率。高中生正处于生理和心理发育的关键时期，紧张的课堂气氛会使学生对语文教师产生消极的抵抗心理，使得师生关系异常紧张，而这种情绪会导致学生不去主动接受语文教师的教学，语文成绩就会降低，从而进入一个恶性循环，使得语文学科的课堂教学效果受到影响。

第二节　语文核心素养究竟是什么

一、语文核心素养的结构系统

语文核心素养是一个系统，它由哪些要素构成，各要素之间又存在着怎样的关系呢？本节首先分析语文核心素养的内涵，阐释语文核心素养的构建思路，进而探索语文核心素养的构成要素，揭示语文核心素养的结构关系，最后分析语文核心素养结构系统的特征，试图完整而清晰地描绘语文核心素养[①]。

（一）语文核心素养的内涵分析

理解语文核心素养的深刻内涵是理解语文核心素养的首要一步，那么，语文核心素养有何深刻内涵呢？下面将从三个方面来具体阐述。

1.语文核心素养体现语文学科的性质

语文核心素养应是语文学科中最具学科本质、最能体现语文学科价值的关键素养，是语文学科固有的，不是其他学科的学习能够替代的。语文学科有其自身的性质，以语文核心素养为目标的语文教育必须符合

①方庆年.浅议核心素养下语文学习习惯的培养[J].甘肃教育研究,2024(03):120-122.

这一本质特点，否则会偏离其正确的轨道，丧失语文学科独有的育人功能。所以，语文核心素养应体现语文学科的性质，否则就不能称其为真正的语文核心素养。那么，语文学科的性质是什么呢？

纵观语文学科性质漫长的研究和探讨历史，主要包括以下认识。

（1）工具性不是语文学科的性质

第一，工具性的实质是应需，是被动、被迫用来应付生活所需，不是语文学科的真谛。第二，工具性不是语文学科独有的属性，我们享有的物质文明和精神文明都是人类探索、发现、研究世界的硕果，这种硕果是人类文明发展的表现，也是人类文明不断进步和快速飞跃的客观依据，都具有工具性。工具性不能成为任何文化范畴或类别的特有的属性，尽管在“工具性”之前再冠以“最重要”和“交际”作出外延限制，这种说法依然不能成立。第三，这种说法是越过语文学科的“语言”核心而过渡到哲学的层面去定义的，它忽略了“语言”这一本质立足点，而用从这个核心发散出去的一种广泛而哲理的属性来定义，必然是纰缪。

（2）人文性不是语文学科的性质

第一，人文性的实质是以人为本，拆开来看是“人”与“文化”，人的文化，文化中的人，范围之广难以界定，显然不能反映语文学科的本质。第二，人文性不是语文学科独有的属性。人类的一切文化成果都带有人文性，无论是纸媒的、口传的、实体的，还是地域化的、民族化的文化行为和文化现象，都是人类的文化积淀，都具有人文性。第三，虽说“文以载道”“文以明道”“文道合一”，但都不能代表“文就是道”。语文学科是有着道德品质、人文思想等方面的教育功能，但那是语言教育本身所蕴含的，它不是语文学科所独有的。

语文学科是培养学生语言素养的一门学科，不用华丽的辞藻来修饰，是其他学科替代不了的。这一认识剥离了包裹在语文课程外围的层层光环，直接揭示了语文学科的本质。所以，语文核心素养突出体现“语言性”，这才符合语文学科的本质要求。

2.语文核心素养是三个维度的综合表现

语文核心素养应是语文知识、语文技能、语文态度三个维度的综合表现，既不能忽视语文知识、语文技能的作用，又不能忽视语文态度的重要作用。语文核心素养以语文知识和语文技能为基础，更重要的是融入了情感态度价值观。这一超越语文知识和语文技能的内涵，能够很好地纠正过去忽略情感态度价值观的语文教育的缺失。

语文知识是语文课程最直接的制约因素，没有语文知识作基础的语文核心素养是不稳定、不完整的。语文核心素养引领的语文课程改革，应该继续保持语文知识教学的适度回归。语文知识的运用形成语文技能，语文技能是通过反复实践在学生个体身上形成的较为稳固的语文活动方式。一般认为语文技能表现在听、说、读、写四个方面，后来又加入了思，技能中往往积淀了一定的语文知识，蕴含了一定的语文思维。

情感态度价值观是语文核心素养中非常重要的一个维度。教育的功能不只是传授间接经验，也包括对学生情感态度价值观的培养。知识和技能武装出来的不一定是人，有可能是机器，只有获得情感态度价值观的熏陶洗礼才能成为和谐发展的人。看一个人的语文核心素养，首先看他对语文的热爱程度，看他有没有学习语文的兴趣，有了兴趣与爱，他才能全神贯注地融入语文学习，并感受到语文学习的快乐。情感态度价值观这一维度，我们常常简称其为态度维度，态度是个体对特定对象所持有的稳定的心理倾向，蕴含着个体主观评价及由此产生的个体行为倾向性。语文态度的养成要通过语文学习，同时，语文态度是形成品格的重要元素，推动着语文核心素养的发展和提升，是语文核心素养形成和发展的原动力。

综上所述，语文核心素养是语文知识、语文技能、语文态度三个维度的综合表现，是各要素共同作用的结果。

3.品格和能力是语文核心素养的形成形态

形成适应终身学习和社会发展需要的具有语文学科特点的必备品格

与关键能力，是语文核心素养形成的体现。语文核心素养通过语文知识、语文技能、语文态度三个维度的整合，最终内化为解决实际问题所需要的必备品格与关键能力。语文知识是语文教学活动的起点，语文教学活动不能离开语文知识，语文核心素养的形成也离不开语文知识。教学过程的顺利展开，人的成长发展，知识都是必不可少的。所以，我们的语文教学是通过知识的学习来提升语文核心素养的，掌握知识不是最终的目的，品格和能力即素养的形成才是语文教育的最终目的，才是人得以发展的内涵所在，所以将通过语文教育而获得语文知识，转变成通过语文知识来获得语文教育，才是真正的语文教育。

（二）语文核心素养的构成要素

明确语文核心素养内涵之后，按照上一节所述的语文核心素养的构建思路重点依据语文课程基本理论和重要的教育文件，试着回答“基础教育阶段语文教育要培养的人究竟要具备哪些语文核心素养”这一问题。需要注意的是，本书没有对语文核心素养进行学段划分，而是从整体上来分析学生在接受整个基础教育阶段之后要形成的语文核心素养。

1.语文核心素养构成要素的甄别

语文学科的根本是语言，语文教育是以语言发展为基础的教育，其他任何价值都是从语言这片土壤上培植出来的，语言是核心、是焦点，现在把这一焦点放大，甄别与语言相关的要素，准确把握语文教育中学生应该具备的素养。

(1)“思维”不是语文核心素养的构成要素

语言与思维存在密切的关系，语言是思维的载体，是其物质外壳，人类的抽象思维都是在语言的基础上进行的。语文教学主要是语言教学，在这一过程中，不可能不培养学生的思维能力。

学生由对母语的感性认识上升到理性认识这一过程中，随着听、说、读、写水平的提高，思维品质也在不断提升。在语法规则训练中，学生的抽象思维得以发展；在辨析语言运用中的矛盾现象时，学生的辩证思维得以发展；在文学作品的品读中，学生的联想和想象得以发展。在语文学习过程中，学生的分析、比较、归纳能力都有所发展，思维的灵敏性、深刻性等品质也有所提升。但以上这些都是建立在语言载体之上的，是通过语言学习而获得的，不能脱离语言而存在。思维的培养已经蕴含在语言的发展之中了，我们为什么要剥离语言这层物质外壳呢，没有了这层物质外壳的思维还是语文学科所追求的吗？而且，虽然学生在语文学习过程中思维力有所发展与提升，但我们并没有以此作为目的来培养，即使我们想要去培养学生的思维力，我们又以什么为抓手呢？把阅读教学上成思维训练课，还是把写作教学上成思维训练课，显然都不合适。基础教育阶段的课程都在作用于学生思维的发展，如数学学科对学生的数学抽象、逻辑推理、直观想象都有较高的要求，物理学科发展学生的科学思维，生物学科发展学生的理性思维，信息技术发展学生的计算思维等，而我们的语文学科对思维的贡献却很难界定。

(2)“审美”与“文化”应列入语文核心素养

在语文学习的过程中，学生通过阅读优秀的文学作品，品味其语言艺术，能够感受到语言美、形象美、情感美。在这一过程中也蕴含着丰富的情感，学生能体会到祖国语言文字独特的美，激发学生对语言文字的热爱之情。鉴赏和评价文学作品，形成自己的审美体验，既能促进语言运用能力的形成，又是具有良好语言运用能力的表现。

语言承载文化，索绪尔以来的现代语言学，往往过分强调语言是任意的音义符号系统而忽视了语言是文化的载体这一面。从语言至文化，运用语言来洞察人类文化的过去和现在，从文化至语言，通过人类文化来掌握人类语言特性。通过语言文字来熟悉和把握民族传统文化是最方便、有效的，所以让学生了解、继承和弘扬民族文化是基础教育阶段语文教育的任务之一。但“文化”包罗万象，对这一指标要加以限定，对这一素养指标达到的水平也要进行具体的阐述，不然我们的语文还会面对“泛语文”“非语文”的诘问。

2. 语文核心素养构成要素的表述

（1）语言运用

语文核心素养关照的主体是学生，所以应该揭示学生学习语言的规律。学生语言能力的培养不是一蹴而就的，而是经过一个渐进的过程。最初是通过积累而形成了语感，即在丰富的语言材料和言语活动经验的基础上，学生凭借直觉感悟和归纳在应用中形成了良好的语感。所谓语感，是指“包括语音感、语义感、语法感，在心理上表现为一种感受、直觉、心智技能、审美能力，在本质上为一种能力”。在此基础上，通过理性分析和演绎形成规律性认知就是语言运用的规律，我们称之为语理，包括语法、逻辑、修辞等内容。掌握语理不是目的，而是帮助学生建构自己的语言系统的必要条件，从而在特定的语境中凭借语感和语理进行交流。最后将自己获得的言语活动经验和策略在实践中灵活地运用，具备语言运用能力，解决现实中存在的问题。

（2）文学审美

在语文学习中，学生通过阅读鉴赏优秀的文学作品，品味其语言的艺术，进而激发审美想象，感受思想魅力，同时获得丰富的情感体验，学着用语言去表现美，形成审美意识和审美能力，养成高雅的审美情趣，这是语文核心素养形成和发展的重要表现。

那么，这一语文核心素养指标该如何表述呢？“审美鉴赏与创造”这种表述是否合适呢？首先，“审美”一词的使用范围过于宽泛，且主要用于美术学科、音乐学科、艺术学科等，我们语文学科的审美和以上学科的审美最主要的区别是主体不同，语文学科进行的是文学作品审美能力的培养，是一种“文学审美”。其次，“审美”本身就包含“鉴赏”之意，后面再加一个“鉴赏”，语义重复。至于“创造”，接受基础教育阶段的语文教育过后，我们是否要求每个学生都具有审美创造的能力呢？这不是必需的，不是每个学生都要达到“审美创造”的水平，即使在大学阶段接受汉语言文学专业的教育，也不能保证每个学生能够形成这一素养。学生能够鉴赏语言的美、学会用语言去评价文学作品的美，是必须的，至于能否去创造文学作品的美，那就因人而异了。我把这一语文核心素养指标表述为“文学审美”，其内涵可以阐述为学生在语文活动中鉴赏、评价、表现文学作品的美的能力及品质。这一素养指标是语文核心素养的重要表征之一。

(3) 文化理解

语言文字既承载人类文化，又是人类文化的组成部分，学生在语言文字的学习过程中，可以受到优秀文化的熏陶感染。学生在语文学习过程中，借助语言文字，能够了解博大精深、源远流长的中华文化，积累一定的文化常识；继承优秀的中华文化，提高自身修养；理解中华文化，增强文化自信。此外，语文学习过程中也会涉及许多来自其他地域的优秀文学作品，学生也要对这些作品背后所蕴含的优秀文化持包容和尊重的态度，吸收借鉴人类文化的精华。

基础教育阶段的学生在学习语言文字的过程中，能够积累一定的文化常识，理解并认同语言文字背后的中华文化。这是语文核心素养的又一重要表征，我把这一指标表述为“文化理解”，其内涵是指学生在语文学习中积淀、继承、理解优秀语言文化的能力及品质。

（三）语文核心素养的结构关系

语文核心素养作为一个系统，其构成要素之间不是孤立存在的，而是存在一定的关系。这一部分主要探讨语文核心素养各个构成要素之间相互影响、相互制约的关系。

1.语文核心素养的“一体”

“一体”是指“语言运用”，“语言运用”是语文核心素养的主体，也是整个语文核心素养结构系统的基础。“文学审美”和“文化理解”都是以学生的语言运用能力为基础，并在“语言运用”的形成过程中得以实现的。

语言是“文学审美”的客体，审美的对象正是言语作品。语言艺术的鉴赏、文学作品的评价、审美经验的表现都离不开语言。语言运用能力的形成和发展也促进了“文学审美”的发展，提高了“文学审美”的水平。

语言是“文化理解”的载体，学生是通过语言文字来了解民族文化的，在语言文字的学习过程中形成文化的积淀，也通过语言文字来表达对民族文化的理解和认同。学生语言运用能力的发展能够促进“文化理解”的形成和发展。

2.语文核心素养的“两翼”

“两翼”是指“文学审美”和“文化理解”，这是建立在“语言运用”素养的基础之上的，同时也促进了“语言运用”这一素养的发展和提升。“文学审美”这一素养可以通过鉴赏、评价、表现文学作品的美来提升学生的语言表现力和语言感受力，能够激发学生对语言艺术的热爱，在语言实践中积累好的语言材料，建构语言审美经验，运用优美的语言文字进行沟通与交流，促进“语言运用”的形成和发展。

“文化理解”这一素养，通过积淀、继承、理解优秀的中华文化，能够增进学生对语言文字的理解，丰富语言文字学习的情趣；能够激发学生对语言文字的热爱，在语言实践中丰厚文化积淀、改善学生的语言面貌，使学生在沟通与交流中更加自如。

“文学审美”与“文化理解”两者之间也是相互促进的关系，学生审美水平的提高，能够增进对优秀文化的理解和认同，学生有一定的文化积淀也能够丰富审美体验，二者相互促进、和谐发展。

总之，“语言运用”与“文学审美”“文化理解”是语文核心素养的“一体”和“两翼”，三个要素相辅相成、共同发展。

二、语文核心素养的特征分析

厘定了语文核心素养的构成要素，明晰了语文核心素养的结构关系，就对语文核心素养的结构系统有了整体上的认识，这时再对语文核心素养结构系统的特征进行分析，就能够对语文核心素养有更深入的把握。语文核心素养是语文学科教育赋予人的发展的价值体现，是学生终身发展所需核心素养的重要组成部分，具有以下特征。

（一）语文核心素养是学生的共同素养

语文核心素养具有基础性，它是所有学生应具有的共同素养，是每个学生个体接受相应阶段的语文教育后都应达成的目标。

学生在接受完基础教育阶段的语文教育后，在“语言运用”方面，通过丰富的语言实践，积累了大量的语言材料和言语活动经验，掌握了语言的特点及其规律，使自己的语言个性得以形成，并且能够在具体的语境中有效地运用语言进行交流与沟通。在“文学审美”方面，学生在一系列语文活动中学会鉴赏语言、评价文学作品，并且能够运用语言来表现文学作品的美，能够具备相应的能力及品质。在“文化理解”方面，通过语文学习和积累，能够积淀、继承一定的语言文字方面的文化，并且具备一定的理解中华优秀语言文字文化的能力及品质。这一语文核心素养，是接受基础教育阶段语文教育后学生必备的共同素养。

（二）语文核心素养可以进行阶段划分

语文核心素养具有连续性，这体现在两个方面：一方面，从人的角度来说，语文核心素养是每个人都要具备的素养，但每个人又处在不断发展的过程中，语文核心素养也要随之不断完善发展；另一方面，从语文学科角度来说，语文核心素养不是与生俱来的，它是在语文学习过程中慢慢形成的，从牙牙学语到遣词造句再到阅读写作，语文能力一步一步发展，在原有的基础上逐渐提升，形成稳定的语文品格和语文能力。

所以，语文核心素养的培养要进行阶段划分。根据人身心发展的阶段性特点不同，每个阶段认知发展的特点不同，每个教育阶段设置的语文学习内容不同，语文核心素养培养的侧重也就有所不同。在不同的教育阶段，小学、初中、高中语文核心素养的表现是不同的：小学阶段，培养重点在“语言运用”方面，在于会认、会读、会写语言文字，积累一定的语言材料和语言经验；初中阶段，学生“语言运用”这一素养取得较大发展，并可以具备初步的文学作品鉴赏的能力；高中阶段，学生“语言运用”这一素养渐趋成熟，“文学审美”这一素养得到较快提升，具备一定的语言文化积淀，并且对中华文化形成自己的理解。

任何一个教育阶段的结束都不会是语文核心素养的结束，下一个教育阶段，语文核心素养的表现将更加丰富。语文核心素养要做好阶段划分，抓住关键期，有重点地培养。

（三）语文核心素养在教学中必须细化

语文核心素养作为语文教育目标，终究要在语文教育中得以实现。语文核心素养的三个构成要素是“语言运用”“文学审美”和“文化理解”，要想针对性地培养，在语文教学中就必须细化，最直接的是细化为语文态度、语文知识和语文技能三个层次。

“语言运用”是语文核心素养的基础，总的来说，在语文知识层面，主要是指对语言符号、语言规则及经典的言语作品等这些语言知识和语言材料进行理解、记忆、储备；在语文技能层面，主要是指对语言规则、语言技能的掌握能力，运用听说读写四种表情达意方式的能力；在语文态度层面，主要是指理解和运用语言所衍生的，对语言运用的惯性和自觉，对语言现象的兴趣和敬重，对语言意义的感受和理解。

“文学审美”，在语文知识层面，主要是指言语作品鉴赏的相关知识，包括不同文学体裁的文体知识、文体风格、语言特色、语言艺术等；在语文技能层面，主要是指语言鉴赏技巧的掌握能力和语言美的表达能力；在语文态度层面，主要是指对语言文学之美的发现、感悟和表现的热情。

“文化理解”，在语文知识层面，主要是指一定的语言文字方面的文化常识；在语文技能层面，主要是指理解和传承中华民族语言文字文化的能力；在语文态度层面，主要是指对中华优秀文化的认同和理解。

综上所述，语文核心素养结构系统具有三个方面的特征，它是学生的共同素养，可以进行阶段划分，并且在教学中细化。语文核心素养要体现语文学科的性质，是知识、技能、态度三个维度的综合表现，其最终形态是语文能力与品格，阐述了语文核心素养的构建思路，包括其确定依据、构建途径和表述方式。在此基础上，甄别语文核心素养的构成要素，即语言运用、文学审美和文化鉴赏。其中语言运用是主体，文学审美和文化鉴赏是两翼，各个要素之间是相互促进、相辅相成的，构成了语文核心素养的结构系统。对这一结构系统的特征进行分析，得出语文核心素养是学生的共同素养，可以进行阶段划分，并且在教学中必须细化。完成了对语文核心素养的描述，就该思考如何将语文核心素养从一套理论框架落实到语文课程领域中去的问题了，只有解决好这一问题，才能让语文核心素养“落地”。

第三节　语文核心素养的现实导向

厘清了语文核心素养的结构系统，对语文教育目标有了一定的认识后，语文核心素养通过哪些渠道得以实现，它究竟有何现实意义，怎样与课堂教学紧密结合，这些问题就显得尤为重要。

一、阅读教学的特征

（一）文选资源的综合性

“综合”有广泛、全面的意思，基于语文核心素养的阅读教学的文选包括课内的和课外的，以课内文选资源为主，串联多种课外文选，内容广泛、全面。因此，文选资源的综合性很强，它把散落的文选资源综合整理，挑选出有价值的文选资源，增加了阅读教学的厚度；将“听、说、读、写”的能力训练与人文性知识的学习交织、综合在一起，拓宽了阅读教学的宽度。

文选资源是阅读教学的重要资源之一，对其开发和利用必须依据学生的实际学情，并重视学生已有的知识经验和生活经验。文选资源的选择还注重语文知识与学生生活实际的联系，以及对学生的思想教育和对学生能力的培养。基于语文核心素养，教师可围绕“立德”“立人”“社会关爱”“思乡”“爱国”等具有人生意义的核心词语来选择古今中外的名篇佳作，整合文选资源，也可从社会生活和网络环境中挖掘出合适的文选资源，这更体现出文选资源具有较强的综合性。因此，基于语文核心素养的阅读教学可以给学生提供丰富的、综合性强的文选资源，为学生提供广泛的选择，让学生自由发挥个性和特长，培养学生正确的人生观、价值观、审美观及爱国之情。丰富、综合的文选资源还可以培养学生对阅读的热爱，不同的学生可以根据自己的爱好找到自己喜爱的作品。

（二）教学方法的多样性

与其他的教育现象一样，教学方法也是随着时代的发展和条件的变化而不断变更的。基于语文核心素养的阅读教学也需要教师不断创新教学方法，运用学生乐于接受的方式，如采用启发式、讨论式、互动式等生动而丰富的教学方法，激发学生的学习兴趣。

基于语文核心素养的阅读教学将由传统的“满堂灌”转向师生之间的双向交流，一些新的阅读教学模式也由此产生，如主题阅读探究式教学、对话阅读教学、情境化阅读教学和信息化阅读教学。随着网络技术的普及，信息化阅读教学也逐渐被广泛采用，微课、翻转课堂、多媒体教学等逐渐走进语文课堂。语文核心素养要求广大语文教师与时俱进，使教学方法具有现代性与先进性，以适应现代教学和培养创新型人才的需要。教师应将学习的知识、个人的教学经验和教学方法设计的理论融为一体，合理选用阅读教学方法，提高阅读教学的针对性、实效性，以及对学生的吸引力、感染力，进而有效提升教学效果和教学质量。

（三）学生思维的多元性

语文教学文本本身是一个极其复杂的世界，且文学作品具有开放性，不是几个简单的概括性结论可以包容所有的内涵。基于语文核心素养的阅读教学可以让学生在学习的过程中展开多元思维，学生可以在多元思维中获得独特的感受和体验。课后学生自觉分析和反思自己的言语活动经验，提升思维品质，提高思维的深刻性、灵活性、敏捷性、批判性和独创性。

基于语文核心素养的阅读教学，教师要设计有目的、有层次的问题引导学生分析、思考、探究问题的答案。学生通过文本研读，综合运用直觉思维、形象思维、逻辑思维和创造思维，从不同角度分析、探究文本，不断地发现与创新问题。阅读教学最重要的就是学生与文本之间的对话，学生开放性和批判性的思考都必须建立在对文本主体性充分尊重的基础上，学生对文本首先应是倾听、理解、感受，然后带入自己的思考，运用联想和想象，丰富自己对现实生活和文学形象的感受与理解。

（四）教学内容的创造性

基于语文核心素养的阅读教学以体验性学习为主，采用体验性学习方法，尊重学生在语文课堂上的创造，注重教学内容的创造性。

基于语文核心素养的阅读教学不同于那种“精心编制”“步步设套”“请君入瓮”式的阅读教学，教师应充分注重学习主体的需要及阅读感受，鼓励学生的个性化阅读和创造性解读，尊重学生的创造思维和创造语言，注重发展学生探究性阅读和多角度思考的能力。教学内容不应是预设的，而是生成的。教学文本自身具有结构的开放性和意蕴的丰富性及不确定性，教师应引导学生富有创意地建构文本意义，学生也应走进文本，站在一个平等的立场去感受文本，从不同的角度和层面对课文进行解读和评判。教学内容的创造要求学生有自己独特的想法，教师应尊重学生新鲜的阅读感受，珍爱学生有个性的理解。著名学者黄厚江先生提出了“共生教学”的教学思想，在教与学互动的过程中，既需要语文教师生成教学资源，同时也要学生生成教学资源，推进语文课堂教学的进程。因此，语文教师在阅读教学的过程中不可越俎代庖，僵化地灌输知识，应该还学生一片自由阅读的空间，让学生积极主动地根据已有经验建构新的知识，使学生通过探究和创造，提高阅读质量，增强创造能力。这样的阅读教学不再死板，教学内容鲜活且富有生命力①。

（五）学生学习的自主性

有学者认为，自主性表现为学生能作出恰当的选择，主导并约束自己，持之以恒地任意自觉学习，并没有被逼迫的现象。基于语文核心素养的阅读教学，让学生凭需要、兴趣，主动、独立地学习，教师不预设教学内容，尊重学生的人格和兴趣爱好，鼓励学生发表个人见解，调动学生参与教学活动的积极性、主动性，充分发挥学生在课堂上的自主性。

在基于语文核心素养的阅读教学中，教师只预设教学目标及教学重点、难点，不预设“教学流程”“标准答案”。不预设线性的师问生答，学生自主思考问题、提出看法、探异求新，然后形成基本共识，自主解决疑难。教师给学生提供充分的自由活动和思考时间，学生用自己的心灵去感悟，用自己的观点去判断，用自己的思维去创新，用自己的语言去表达，充分体现了学生学习的自主性，也可调动学生语文学习的积极性。学生对语文课程产生兴趣，就能充分发挥他们的自主能动性，自主体验、自主感悟、自主质疑问难、自主发表见解，并在教师的帮助下独立感知、学习、理解、提高，把书本知识内化为自己的知识，通过主观努力，感知外在世界，不断自我超越。阅读本身就是学生的个性化行为，教师必须珍视学生独特的感受、体验和理解。

二、基于语文核心素养的课堂教学

语文核心素养的提出，对于教育教学实践者来说是一次严峻的考验。基于语文核心素养的课堂教学要如何呈现，成为困扰不少一线教师的问

①韦姜林. 语文核心素养视域下初中寓言教学研究[D]. 洛阳:洛阳师范学院,2023.

题。要实现语文核心素养在课堂教学中的落实，需要教学活动的参与者，包括教师与学生，在理念和方法上为语文核心素养而变。

（一）教师要更新语文教学观

语文教师是语文教学活动的直接参与者，对语文核心素养的发展起着举足轻重的作用。

语文核心素养的培养要针对不同的教学目标和任务采取不同的教学方法。例如，在“语言运用”中，学生理解语言运用的规律，就需要以教师教授为主，而培养语言交流能力就需要学生在语文活动中去练习。“文学审美”中，培养学生对文学作品的鉴赏能力，可以让学生小组讨论交流，尽情表达自己的看法，教师进行点拨。在“文化理解”中，要想提高学生语言文化的积淀，教师可以运用多媒体来调动学生的多种感官，予以熏陶滋养，或组织形式丰富的语文活动等。教无定法，语文核心素养的培养没有固定的模式，要随着具体目标和任务的变化采用适宜的教学方法，时刻体现对学生语文核心素养的培育和观照，促成学生语文核心素养量的积累和质的飞跃。

（二）学生要更新语文学习观

对于学生的学习而言，语文核心素养整合了适应未来社会需要以及个人发展必备的与语文相关的能力与品格，能够在解决实际问题、面对具体情境时发挥作用。语文核心素养本位的学习观就是要指向这种能力与品格的发展，综合运用知识、技能、态度等资源，通过在实践中运用，进而养成恒久的、稳定的个体素养。基于语文核心素养的学习应该面向实际生活中的语文问题，而学生要在学习过程中拥有解决语文问题的意识。语文学习不应该是封闭的，而应该开放化，设定生活中的特定场景，这个场景存在于学习、工作和生活等情景中。由问题到解决，中间包含了学生发现问题、思考问题、探究问题的过程，着眼于学生的生活经验，布置他们感兴趣的任务，能够激发学生主动参与语文学习的意识。解决问题时调用语文知识、技能和态度，针对问题进行知识的建构和迁移，使学生涵育持久性的、稳定的语文能力和品格。教师在这种学习观中的角色主要是构建适宜的问题情境、促成学生合作、指导学生探究，帮助学生形成语文核心素养本位的正确学习观。

（三）评价方式要多元

语文核心素养的培养要以有效的评价机制作为保障，才能使其落实到语文学习过程中，对语文教育起到真正的指导作用。

学生在接受一定阶段的语文教育后，其核心素养的水平会存在一定的差异。语文核心素养应该具有一个可以量化的指标，定量测量的结果最终可以作为语文教育成果定性的依据。将语文核心素养划分为层级，对“语文运用”“文学审美”“文化理解”进行量化设计，制成学业质量标准，可作为语文核心素养评价的依据。虽然我国的考试制度备受质疑，但如果最终的评价指向最初的目标，评价的指标科学合理，那么对学习成果的考核和测量是无可非议的。语文核心素养若是一个不可量化的性质描述，仅仅是一个“高大上”的理念，悬置于语文课程之上，游离于评价机制之外，那么语文核心素养的提出将无任何意义。所以，语文核心素养的评价也要以量化测量为主体，科学的量化指标是语文核心素养达成的保障。

语文核心素养的评价除了量化测量之外，还要采取多元化的过程性评价方式，涉及语文活动各个方面的立体式评价方式。只有从多个维度对学生的语文核心素养进行描述，才能将评价与语文课程改革协调起来，共同推动语文核心素养的发展。评价是学习的工具，发展学生的语文核心素养就必须制定行之有效的评价机制，只有语文核心素养对学生的语文学习成果产生实质影响，才能引起语文教育相关人士的重视。

第二章　基于课程标准的教学关键要素设计

第一节　基于课程标准的学习目标设计

学习目标是教学的出发点和归宿，是教师对学生达到的学习成果或最终表现的描述，是学生学习的路线图。学习目标是否正确，目标叙写是否规范直接决定课堂教学走向，关乎课程目标和学科核心素养能否得到有效落实。

一、学习目标的来源

首先，学习目标的确定必须依据课程标准。课程标准是教学实施的纲领性文件，《普通高中语文课程标准（2017年版2020年修订）》（以下简称“课程标准”）为全面提高学生的语文素养、充分发挥语文课程的育人功能提供了根本性指导意见。在学习目标的制定过程中，教师的经验、教材和教参、学生的具体情况都是我们应当考量的因素，但是首要的因素应当是课程标准。制定学习目标应当以课程标准为根本原则，如果置课程标准要求于不顾，很容易犯经验主义、教条主义错误。

课程标准以语文核心素养为统领，明确提出了12个课程目标，设计了“语文学习任务群”。12个课程目标中，每3个分别对应语言建构与运用、思维发展与提升、审美鉴赏与创造、文化传承与理解四个方面的核心素养。每个学习任务群中都明确提出了若干个学习目标与内容。这是我们制定单元学习目标和课时学习目标的重要依据。制定学习目标时应将教材中的单元具体内容与课程目标、学习任务群中的目标与内容对应，弄清单元内容归属于哪一个任务群，进而结合单元内容，将学习任务群的目标具体化，并使目标能清晰指向核心素养的四个方面①。

如统编教材必修上册第一单元由《沁园春·长沙》《立在地球边上放号》《红烛》《峨日朵雪峰之侧》《致云雀》五首诗歌和《百合花》《哦，香雪》两篇小说组成。从文体来看应当归属于“文学阅读与写作”学习任务群。课程标准中该学习任务群的学习目标与内容描述如下。

（1）精读古今中外优秀的文学作品，感受作品中的艺术形象，理解欣赏作品的语言表达，把握作品的内涵，理解作者的创作意图，结合自己的生活经验和阅读写作经历，发挥想象，加深对作品的理解，力求有自己的发现。

（2）根据诗歌、散文、小说、剧本不同的艺术表现方式，从语言、构思、形象、意蕴、情感等多个角度欣赏作品，获得审美体验，认识作品的美学价值，发现作者独特的艺术创造。

（3）结合所阅读的作品，了解诗歌、散文、小说、剧本写作的一般规律。捕捉创作灵感，用自己喜欢的文体样式和表达方式写作，与同学交流写作体会。尝试续写或改写文学作品。

（4）养成写读书提要和笔记的习惯。根据需要，可选用杂感、随笔、评论、研究论文等方式，写出自己的阅读感受和见解，与他人分享，积累、丰富、提升文学鉴赏经验。

据此，结合本单元内容，我们可对目标进行如下设计。

（1）感受革命领袖的伟大革命抱负和豪放胸襟，理解文章作者对国家前途命运的关注，激发青春的热情，理解青春的价值，敞开心扉，追寻理想，拥抱未来。

---

①张培．论新课程标准下的高中语文教学改革[C]//廊坊市应用经济学会．对接京津：社会形态 基础教育论文集．河北省沧州市第二中学，2022：3.

（2）领会本单元诗歌与小说的内容，理解诗歌运用意象抒发情感的手法，把握小说叙事和抒情的特点，体会诗歌和小说的独特魅力。

（3）学习从语言、形象、情感特点等不同角度欣赏作品，获得审美体验，提高文学作品的鉴赏能力。

（4）结合本单元诗作的学习，尝试写作诗歌，可以以本单元的作品为学习的范本，也可以选择自己喜欢的中外诗歌作为研习的材料，从生活出发，寻找素材，激发诗情，抒发真情实感。

上述目标中，第一个目标紧扣“青春激扬”人文主题，从情感态度与价值观维度出发，是对价值观和必备品格目标的具体化表述，其本身并不独立，而是需要在后三个目标的达成过程中来落实。其余三个目标是对关键能力的具体化描述，其中，（2）与（3）两个目标重点指向核心素养中的“审美鉴赏与创造”，（4）重点指向“审美创造”，(2)(3)（4）三个目标同时渗透“文化传承与理解”。四个目标都以“语言建构与运用”为基础，并贯穿始终。

需要注意的是，统编教材中有的单元由多种文体的文本组成，同一个单元可能对应两个或两个以上的学习任务群，需根据单元具体内容分别对应的不同的学习任务群来确定单元学习目标。如统编教材第二单元由人物通讯、新闻评论和古典诗歌三种文体组成，其中人物通讯、新闻评论属于实用性文体，归属于“实用性阅读与交流”学习任务群，而古典诗歌应归属于“文学阅读与写作”任务群。而从单元构成来看，本单元的选文以实用文体居多，故单元目标的设计应当突出“实用性阅读与交流”这个主体，适当兼顾“文学阅读与写作”。

其次，学习目标的确定还应遵循单元导语的提示。统编教材的大部分单元是以阅读与写作为主的单元，单元导语是其基本栏目之一。单元导语一般由三段组成，简明扼要地说明了单元的人文主题、所属学习任务群及选文情况、单元核心任务及学习目标。单元导语中的单元学习任务及学习目标基本明确了单元学习整体目标，为教师设计单元目标带来了极大便利。日常教学中教师可以根据单元导语的提示，结合单元具体内容和学生实际，将单元导语中的目标进行具体化描述。

虽然统编教材单元导语中已经基本明确了单元学习目标，但是不等于照搬这些目标就行了。我们还必须结合所属学习任务群的学习目标与内容以及课程目标、学科核心素养进行追根溯源式的思考，搞清目标来源，厘清目标与学科大概念的关系，明确目标指向。唯有如此，才能增强专业自觉，将学科核心素养落实到每个单元的教学中，并最终达成课程目标。

二、学习目标制定的基本原则

（一）整体性原则

制定学习目标从整体性出发，就是强调要定位于人的培养，立足核心素养来制定学习目标。制定学习目标要整体考虑特定教学内容在语言建构与运用、思维发展与提升、审美鉴赏与创造、文化传承与理解四个方面对核心素养的支撑作用，又要厘清四个方面之间的联系；可以有所侧重，但不能生硬割裂。

下面以《登高》为例，对基于“双基”和基于“语文核心素养”的两种设计进行比较。

“双基”框架下，本课的学习目标设计如下：

①理解和掌握“渚”“回”“百年”等文言实词的意义和用法；

②理解杜甫在本诗中流露的深沉的苦痛和忧思；

③通过对意象的分析，学会赏析情景交融等手法的运用；

④能有感情地朗读和背诵课文。

基于“语文核心素养”的学习目标可以设计如下：

①掌握诗歌诵读的基本方法，能对他人的诵读进行评价，能通过反复诵读揣摩作品的意蕴和情感。

②能从诗歌创作背景、意象和创作手法等角度分析和评价作品的构思、意境和风格。

③能通过以上学习活动体会和理解古代诗歌的艺术美感，能正确感受和评价作品的意境美和作者的人格美。

④通过本节课的学习深化学生对古典诗歌的热爱，培养其亲近经典文学作品的热情。

可以看出，在“双基”框架下设计的四个学习目标中，一个指向基础知识，其余指向基本能力，缺少指向情感态度价值观的目标。而且这四个目标，都只关注了学生学习这篇诗歌获得的知识和能力，而对于是否有利于学生形成迁移运用能力，是否有利于培养学生良好的学习方法和思维品质，是否能够激发学生学习古典诗歌的热情等关乎核心素养培育的问题都缺少必要的关注和思考。

而在“语文核心素养”大框架下，学习目标的设定真正体现了钱梦龙先生提出的“语文课要实实在在教会学生读书”这个思想，而不是教学生读懂一篇课文。课文终究是个例子，要让学生的视野从具体文本延伸到一类作品，从一类作品扩展到一个时期的作品，从一个时期的作品扩展到一个民族的作品。四个目标看似很多，但是它们并不是分步骤完成的，而是在达成①②两个教学目标的过程中水到渠成地实现目标③④。事实上，四个目标是不可分割的整体。关键在于教师要有这个意识，并在教学中落实。

学习目标的整体性，还体现在目标的系统性，即课程目标、学年目标、学期目标、单元目标、课时目标是一个目标体系。每一个具体目标都是由核心素养总目标分解出来的，每个教学目标都是对核心素养的总目标的不断进阶，或夯实强化，或持续深入。各目标要环环相扣，既边界清晰，又相互关联、相互作用、一脉相承，共同指向核心素养总目标。

（二）主体性原则

学习目标是对学生要达到的学习结果的描述，而不是对教师教学任务完成情况的描述，因此，应牢固树立以学生学习为中心的教学观念，从学生学习的角度出发制定学习目标。首先，学习目标要描述清晰，学生能看得懂、看得明白。其次，学习目标应难度适中，既符合学生的认知特点和已有经验，又处在学生的“最近发展区”。最后，学习目标要关注学生的个体差异和不同需求，要设计得有层次、有梯度，让学生有选择的空间。

某诗歌教学的目标设计如下：

①引导学生弄清各句的含义。

②理清作者表达的主要意思，培养学生欣赏诗歌的能力。

③通过本课的学习，使学生受到理想信念教育，树立正确的人生观。

上述目标的表述存在很多问题，其中最主要的问题是对学习主体的界定错乱。教师在描述学习目标时使用了“引导”“培养”“树立”等动词，这些动词的行为主体都是教师，反映出教师在设计教学目标时还是站在自己“教什么”“如何教”的角度进行设计的。学习目标决定教师的教学行为和学生的学习行为，不同视角下设计的学习目标，往往直接导致课堂上师生关系、学生学习行为的不同。在以教师为主体的目标表述中，在教学实施过程中往往会将学生置于被支配的地位，真正意义上的自主学习难以实现，素养目标难以达成。

（三）具有可操作性

学习目标要描述具体，可观察，可评价。目标的叙写应当包含行为主体、行为条件、行为表现、行为结果四个要素。

行为主体是学生，即学习目标表述的是学生的学习结果，一般情况下行为主体是隐含的。

行为动词要准确、明确。学习目标是教学的结果，是学生的变化和成长。因此，学习目标要以学生学习本单元或本节课能做什么为追求，需借助指向核心素养不同方面并能表现学习水平的层次性的行为动词来表达。行为动词于教师而言，是设计具体学习任务的重要依据；于学生而言，是引发学习行为表现的关键指令。行为动词必须仔细斟酌、反复权衡，力求表述精准。常见的指向核心素养及表现学习水平的行为动词如表2-1所示。

表2-1　常见的指向核心素养及表现学习水平的行为动词

核心素养	行为动词
语言建构与运用	归类、反思与总结、整理、理解、体会或体味、修改、发现与解释、推断、运用、分享、探究……
思维发展与提升	提取与概括、理解与概括、评价、分析与解释、比较与概括或分析、运用、质疑、推断与整合……
审美鉴赏与创造	感受、把握、想象与联想、品味、感悟、理解、阐释、质疑、评价、评论,创作……
文化传承与理解	感受、理解、积累、梳理、探究、运用、比较、分析、讨论、调查访问、辩论演讲……

行为条件是指达到某种学习结果所需的条件。教师在制定学习目标时应思考：要实现这种学习结果，有哪些路径可以选择？需借助哪些条件？需要用什么任务来支撑？这些问题都要通过思考整合到目标叙述中。其陈述方式通常是这样的：通过什么方式学习什么、理解什么、提高什么或体会什么。如统编教材必修上册第三单元指向“语言建构与运用”的单元目标可表述为“学生能够借助教材中的单元说明、注释及学习提示等学习资源，在整体通读、浏览的基础上，理解各首古诗词中蕴含的思想感情的异同，把握作品内涵，尝试了解诗人们的精神世界”。其中“借助教材中的单元说明、注释及学习提示等学习资源”和“在整体通读、浏览的基础上”表明了学生实现学习目标的路径、方法等条件。如果说学习结果是指明让学生到哪里去，那么行为条件则指明了学生到达目的地的路线或工具。正是因为明确了行为条件，后面的学习结果变得可以期待，否则学习结果只能是空中楼阁，可望而不可即。

《项脊轩志》一文的学习目标如下。

目标之一：体会文章用语平淡而情感浓厚的风格特点。

从目标与课文的关联来看，这个目标抓住了《项脊轩志》一文的主要特点，意在让学生理解并鉴赏本文独特的风格特点，这个方向无疑是正确的。可是从课堂观察的实际情况来看，学生能够感受本文“用语平淡”的语言特点，但对“情感浓厚”的体会多是一些浅表化、标签式的回答，笼统浮泛，无根无据，而教师只能以牵拉拖拽的所谓“诱导”方式，勉勉强强完成对这个问题的探讨。为什么会出现这样的状况？仔细想来，问题的关键在于学习目标表述中“行为条件”的缺失。体会本文字里行间蕴含的深情，需要一定的生活阅历和体验，对于教师来说可能并非难事，但对于阅历较浅的中学生而言确实有相当大的难度。因为学生并不了解归有光的人生际遇和人生期望，难以产生情感的共鸣。如果要让学生能够真切感受作者蕴含在平淡文字中的真情和深情，并在分享自己的阅读感受时有凭有据，那么学习目标可修改为“通过阅读归有光的人生经历，从语言和所记琐事两个方面体会文章用语平淡而情感浓厚的风格特点”。在这样的目标引领下，学生可以通过阅读课文和归有光的生平经历，探寻二者的关联，展开与作者、作品之间的深度对话，从而为高质量地达成目标铺平道路。

行为结果即学习结果，是符合学生学习实际、教师可期待的理想结果。以统编教材必修上册第三单元为例，指向“审美鉴赏与创造”“思维发展与提升”的学习目标，可表述为“从本单元自主选择一首诗，从语言、内容、情感或写法等角度，任选一个角度，结合具体的诗句，有理有据地写一则800字左右的文学短评”。其中“写一则800字左右的文学短评”是行为结果，而学生呈现的学习结果如何，则可以根据学生选择的角度是否明确、是否能够结合具体诗句、是否有理有据等行为表现来观察。学习结果只有与学习行为表现结合在一起才会变得可测量、可评价、可提升。

（四）体现层次性

学习目标的层次性一方面体现在学生不同学习阶段要有不同的要求。学生的学习水平是渐次提升的，不同学习阶段的学习水平要求是各不相同的。2017年版高中语文课程标准新增加了“学业质量标准”，明确将学生的学业水平划分为五个层级。在制定学习目标时，教师应根据学业质量标准中不同阶段的水平要求，制定符合本阶段课程要求的学习目标。以“思维发展与提升”为例，新课标对必修、选择性必修、选修课程各阶段的学业水平质量进行了描述，如表2-2所示。

表2-2　新课标对“思维发展与提升”素养不同水平的描述

阶段	水平	质量描述
必修	1	在理解语言时，能提取和概括主要信息，能区分事实和观点，分析各部分内容之间的关系，发现观点和材料之间的联系；能利用获得的信息解决具体的实际问题。在表达时，能做到观点明确、内容完整、结构清楚
	2	在理解语言时，能区分主要信息和次要信息，理解并准确概括其内容、观点和情感倾向；能对获得的信息及其表述逻辑作出评价；能利用获得的信息分析并解决具体问题。在表达时，能注意自己的语言运用，力求概念准确、判断合理、推理有逻辑
选择性必修	3	在理解语言时，能准确概括观点和情感，能分析并解释观点和材料之间的关系；能比较两个文本或材料，能在各部分信息之间建立联系，把握主要信息，分析、说明复杂信息中可能存在的多种关系；能就文本的内容和形式进行质疑，并能主动查找相关资料支持自己的观点；能利用文本中的相关信息解决具体问题。在表达时，讲究逻辑，能做到中心突出、内容具体、语篇连贯、语言简明通顺
	4	在理解语言时，能准确、清楚地分析和阐明观点与材料之间的关系，能就文本的内容或形式提出质疑、展开联想，并能找出相关证据材料支持自己的观点，反驳或补充解释文本的观点；能比较、概括多个文本的信息，发现其内容、观点、情感、材料组织与使用等方面的异同，尝试提出需要深入探究的问题；能用文本提供的事实、观点、程序、策略和方法解决学习和生活实际中遇到的具体问题。在表达时，讲究逻辑，注重情感，能综合运用多种表达方式，从多个角度、多个方面表达自己的理解和感受，力求做到观点明确，内容丰富，思路清晰，感情真实健康，表达准确、生动
选修	5	在理解语言时，能从多角度、多方面获得信息，有效地筛选信息，比较和分析其异同；能清晰地解释文本中事实、材料与观点、推断之间的关系，分析其推论的合理性，或揭示其可能存在的矛盾、模糊或故意混淆之处等；能依据多个信息来源，对文本信息、观点的真实性和可靠性作出自己的判断，并逻辑清晰地阐明自己的依据；能从多篇文本或一组信息材料中发现新的关联，推断、整合出新的信息或解决问题的策略、程序和方法，并运用于解决自己学习和生活中遇到的相关问题。能围绕某一方面的问题组织专题探讨，形成自己的观点。在表达时，讲究语言运用，追求独创性，力求用不同的词语准确表达概念，用多种语句形式表达自己的判断和推理；尝试用多种文体、语体，多种媒介，多样地表达自己的思想和情感，追求表达的准确性、深刻性、灵活性、生动性

学习目标的层次性还体现在同一单元、同一节课内部各目标之间的能力层级不同。美国当代著名心理学家、教育家布鲁姆等人将教学目标分为认知、情感和动作三个领域，每个领域的目标又由低到高分成若干层次。认知领域的目标包括知识、理解、应用、分析、综合和评价等六级水平。知识、理解、应用属于低层次思考范畴，分析、综合、评价属于高层次思考范畴。

布鲁姆认知领域的目标层次分类，可以帮助我们审视学习目标制定得是否合理，如目标之间的逻辑关系是否得当、目标层次是否过低、目标层次是否单一等问题，然后加以调整、修订。以能力和素养为导向的教学中，知识不是学习的终点，而只是分析问题、解决问题的支架或工具，因此，一般不宜将知识作为独立目标。在以任务为导向、学习项目为语文核心素养载体的任务群教学中，往往以高层次思考的问题带动低层次思考的问题的落实与解决，因此，应更加注重设计高层次的目标，以具有综合性、挑战性的任务驱动学生持续学习、深度学习，从而实现语文素养的提升。

三、学习目标制定的路径

学习目标的制定需完成从课程目标到教学目标，再从教学目标到学生可执行性目标的二度转化。

（一）将课程目标转化为教学目标

课程目标是指课程本身要实现的具体目标和意图。它规定了某个教育阶段的学生通过课程学习以后在学科核心素养方面实现的程度，它是确定课程内容、教学目标和教学方法的基础。

教学目标是关于教学将使学生发生何种变化的明确表述，是指在教学活动中所期待得到的学生的学习结果。在教学过程中，教学目标起着十分重要的作用。教学活动以教学目标为导向，且始终围绕实现教学目标而进行。

毫无疑问，教学目标必须遵循课程目标，实现与课程目标的对接。但是课堂教学目标不等同于课程目标。课程目标是学生学习完整个高中课程后所期待达成的目标，而课堂目标是教师在具体教学过程中确定的目标，是一个单元或一节课的教学活动所期待的学习结果。如果将课程目标比作摩天大厦，那么单元学习目标则是这座大厦的某一层，而课时目标则是某一层的某一间房子。

在制定教学目标时，教师应当思考这样一些问题：

（1）本单元归属于哪个学习任务群？学习任务群中的哪些目标与本单元的学习内容有关联？

（2）本单元应当让学生掌握哪些必备知识，形成哪些关键能力和必备品格？这些必备知识、关键能力和必备品格通过本单元的学习达到什么程度？

按照这样的路径来思考，目的是审视学习内容对课程目标的支撑作用，并结合具体教学内容，将课程目标转化为一个单元、一堂课期望达成的教学目标。

（二）将教学目标转化为学习目标

教学目标是教师进行教学活动设计的起点，教什么、怎么教、教到什么程度，是教师在教学设计时必然要关注的问题，但是仅有这些思考是远远不够的。教师期望学生达到的学习结果是否一定能实现？在很多情况下，这可能还只是教师的一厢情愿。如果要在最大程度上实现教师所期待的学习结果，教师就必须实现“以教为中心”向“以学生学习为中心”的理念转变，从学生的角度出发思考学生达到预期的结果所必须具备的条件以及实现预期结果的路径和方式等。教师只有将这些问题思考得具体、深入、透彻，才能将教学目标转化为学生可执行的学习目标。转化后，教师必须简明扼要地给学生画出清晰的学习路线图，让学生看完学习目标后能够清楚地知道本节课要做什么、怎么做、做到什么程度。

第二节　基于课程标准的学习任务设计

学习任务是实现教学目标、形成学科素养的重要载体和途径。任务设计与传统教学中的问题设计、活动设计有何不同？设计任务应遵循什么原则？在设计学习任务时，我们应当思考这些问题。

一、从知识传授走向问题解决

基于“任务驱动”教学理念的任务设计与以传授知识为主的传统教学理念下的教学设计有根本性的不同。“任务驱动”的任务设计应当坚持以学生解决问题、完成任务为导向，将再现式教学转变为探究式学习，使学生处于积极的学习状态，让每个学生都能根据自己对当前问题的理解，运用已有的知识和自己特有的经验提出方案、解决问题。“在做中学”“在学中做”“学做一体”是其显著特征。而以传授知识为主的课堂将知识本身作为终点，或将知识学习和问题解决分为先后两个阶段（先进行知识学习，再运用知识来解决问题）[①]。

【案例一：杜甫诗歌专题学习任务设计】

通过课文注释和学案上提供的材料，概述杜甫的人生经历，了解诗歌创作的背景。

在该任务中，教师只是让学生将“杜甫的人生经历”作为孤立的知识进行了解，并没有将作者的人生经历和作品建立任何关联。学生即使将杜甫的人生经历概述得很全面、很清晰，又有多大价值呢？

如果将此任务改为“赏析杜甫四个人生阶段的诗歌，谈谈四个阶段的诗歌风格有何不同，为何会有这样的不同”。那么学生的学习情形会大不相同。在这样的问题驱动下，学生可以通过对杜甫四个阶段诗歌作

①申远远．基于课程标准的高中语文阅读“教学评一致性”研究[D]．临汾：山西师范大学，2022.

品的学习，把握诗歌中的情感，领略诗歌不同的风格，并搜集杜甫的人生资料，探讨作者人生经历对作品风格的影响，从而建构知人论世的学科思维方法。在这样的任务中，作者的生平经历等知识不是任务的终点，只是学生研究作品风格形成原因的一个支架。

【案例二：驳论文写作任务设计】

任务1：阅读下面的3篇文章，讨论这些文章是从哪个角度进行批驳的，分析驳论文的基本特征、基本结构。

任务2：针对提供的材料，写一个驳论文的片段，不少于200字。

这个案例中的两个任务，是按照先学习理论知识再解决问题的思路设计的。第一个任务的目的是让学生获得有关驳论文写作的基本知识。第二个任务的目的是运用任务1中获得的基本知识进行写作训练。这种设计既有知识获得，又有知识运用，看似很合理，但是仍有几个问题值得反思。一是这些基本知识学生在以前的议论文学习中已经有所了解，并不陌生，是否需要通过单独的任务用近一节课的时间来重新获得？二是这些知识的获得一定先于实践（写作），实践（写作）环节必须置于知识获得之后吗？知识是否可以以“支架”或“工具”形式置于学生的实践过程中呢？

如果将任务1和任务2进行整合，提供包含论点、论据、论证等问题的三则材料，让学生针对3则材料，写一个不少于200字的文段，那么学生就会调用已有知识进行写作实践，并在成果展示、互评、修改中丰富和调整现有的知识结构。如果有的学生对于驳论文的基本特征、基本结构等知识尚有缺漏，那么他们完全可以在任务驱动之下，根据完成任务需要具备的条件，自主阅读相关文章，自行建构相关知识。这种“在做中学”“在学中做”式的任务设计，突出了实践性，体现了“知行合一”的教学理念，更加符合语文学科的课程性质。

通过对以上两个案例的分析可以看出，教师在进行任务设计时，应转变以知识传授为主的教学观念，坚持素养导向，将学生置于真实的问题情境中，运用已有知识分析问题、解决问题，并在分析问题、解决问题的过程中完成知识的获得与重建。

二、从单一要素走向多要素整合

课程标准以学习任务群为教学组织形式，整合是其本质特征。与之相应，学习任务设计也必然要凸显整合性，设计任务时应努力做好以下五个方面的整合。

一是整合学习内容。根据单元学习目标，审视单元每篇课文的价值和意义，采取多文本组合，形成指向单元目标的“内容群”。例如，基于“把握诗歌豪放与婉约风格的特点，赏析不同风格的诗歌艺术魅力”的目标，我们可以选取苏轼、辛弃疾等的经典豪放派诗词和李清照、柳永等的经典婉约派诗词，还可以选取有关豪放派和婉约派风格的诗论，多文本、多文体组成“内容群”。通过对文本的学习，我们既可以把握豪放派与婉约派风格的不同特点，又可以将两种不同的风格形成对照研究，加深对两种不同风格的理解，形成对两种风格的诗歌赏析和创作的规律性认识。再如，基于“了解同一名作者不同风格的作品，感受作者思想情怀”的目标，我们可以选取同一名作者不同时期、不同风格的多个作品组成“内容群”。如以杜甫诗歌为专题，为达成“了解杜甫诗歌多样化的艺术风格，整体把握诗人情感世界”的目标，我们可选取“沉郁顿挫”“清新自然”和“雄放俊逸”三种风格迥异的诗歌作品，组成“内容群”，让学生通过阅读诗人不同时期的作品，感受作者不同时期的思想情怀，进而构建关于社会生活与文学创作关系的认识。如以探究小说环境描写的作用为目标，我们可以选取《祝福》《林教头风雪山神庙》等含有大量环境描写的小说，组成“内容群”，通过这些作品中的环境描写，全面理解环境描写对于塑造人物形象、反映社会现实以及表达主题等方面的作用。

二是整合学习情境。情境与任务密不可分，任务只有在具体情境中，才能引发学生的语言行为表现。任务设计需要结合学习任务群的要求，去创设融合重要学科知识的问题解决情境、能够引导学生广泛而深度参与的学习情境。例如，以诗歌为主体的“文学阅读与创作”任务群教学，可以借鉴近几年央视《经典咏流传》《中国诗词大会》等节目的形式，创设“诗歌品鉴大会”这样一个情境，通过“我把诗歌朗诵给你听”“我把诗歌解读给你听”“我把诗歌赏评给你听”“我把诗歌创作给你听”等环节，驱动学生朗诵诗歌、解读诗歌、赏评诗歌、创作诗歌，并与同学分享、互评。这样的情境创设，建立了文本、学生、生活三者的关系，始终将学生置于主体地位，能够激发学生的参与热情；这样的情境融合了学科知识与技能，突出了语言实践活动，有助于达成素养目标。

三是整合学习方法。阅读与鉴赏、表达与交流、梳理与探究，是最基本的语文学习活动，反映在听、说、读、写等表现性的行为上，作为最常见的语文学习方式，它们是密不可分的整体，不是单一的技能训练，也不是简单地从主题内容层面上贴标签式地呼应，而是根据单元需要有意设计的结果。例如，教师在学习的不同阶段，紧密结合阅读教学，设置不同类型的表达与交流任务，通过批注、概要、随笔、杂感、札记、时评、小论文、研究报告、文学创作，以及各类实用文体写作，通过口头报告展示交流，指导学生积极地、富有创意地读书，完成阅读与鉴赏、表达与交流、梳理与探究的整合。再如演说、辩论、故事会、比较阅读、主题研究、调研、访谈、文学期刊编纂、社团组织、网络协同学习……这些丰富的语文学习活动，蕴含着很多程序性方法知识。这些基本的语文学习方法、策略的学习，要贯穿始终，引导学生自主形成良好的语文学习习惯，最终达到“教”是为了“不教”的目的。

四是整合学习资源。教材是最重要的学习资源，但教材的容量是有限的。高中语文统编教材以人文主题和任务群双线组织单元且大多按群文组课的方式编写，已经为教师提供了整合性教学资源。但这并不意味着教师必须按照教材内部固有的顺序来教学，更不是说教师不需要引入其他课外资源。相反，教师应当从教学实际需要出发，秉持“用教材来教，而非教教材”的原则，根据单元目标，打破教材单元固有的内部顺序，对教材进行再度整合。同时，为了达成学习目标，教师也可以选取与单元学习主题相关的课外资源，形成与教材的配合。

五是整合学习时间。为促进学生深度学习、持续思考，教师需要设计综合性、挑战性的单元学习任务，而学生完成这样的学习任务需要较长时间。因此，教师要突破课时主义观念，根据单元任务统筹课内、课外时间，形成“课时群”，并根据任务的复杂程度合理分配学习时间；要建立课内与课外联动机制，实施课内、课外双线任务驱动，形成课内为主、课外为辅、课内课外互补的学习格局，促进学生深度学习和持续思考。

三、从简单的问题与活动设计走向核心任务设计

传统的语文教学并非不设计问题，但是这些问题往往缺乏整合，过于零碎，一堂课多达十几个问题，教师忙于提问，学生忙于回答，以至于出现“满堂问、满堂答”的现象，课堂碎片化问题严重，学生被教师的问题牵着走，难以有独立发现问题和深入思考的时间与空间。在这样的问题的驱动下，学生掌握的是一个个孤立的知识点，解决的是一个个孤立的问题，缺乏结构化理解，难以应对综合性、复杂性问题。

传统的语文教学并非不设计学生的活动，但是这些活动往往局限于知识点的学习或单一技能的训练，总体来说比较简单，综合性不强，缺乏挑战性，不足以引发学生持续思考和理解，不能承载素养导向的学习目标；甚至有的教师不清楚设计活动的目的，不知道活动是否达成了学习目标，课堂呈现出为追求热闹而热闹、为活动而活动的倾向。

核心素养是知识与技能、过程与方法、情感态度与价值观的综合体现，要获得这些综合品质，提供给学生的学习载体应该是综合性较强的内容。如果活动设计得比较小、过于简单，就很难引导学生进行深入思考和探究；如果活动比较零散、缺乏综合性，就不足以为学生提供充分

体验和探究的空间，学生之间的合作与交流就容易流于形式，深度学习就很难展开。

在落实核心素养的课堂上，教学设计的关键不是设计简单的活动让学生动起来，而是设计与真实生活紧密联系、能激发学生持久思考探究或促进学生深度学习、具有一定难度和综合性、有利于素养目标实现的学习任务活动，提升学习活动的品质和质量。我们将这样的学习任务叫作“核心任务”。

下面，我们以曹禺的《雷雨》为例，说明传统的教学设计和课程标准背景下的核心任务设计的区别。

传统教学中常见的问题与活动设计：

①节选部分的戏剧冲突表现在哪里？试结合具体内容进行简要分析。

②周朴园对侍萍的怀念之情到底是真还是假，人们一直有不同的看法。结合下列种种观点（具体观点略去），谈谈你对这个问题的认识。

③剧中的人物语言常常有丰富的潜台词。揣摩画线语句的潜台词，探究下列片段所表现出的人物性格。（具体片段与画线语句略去）

新课程标准背景下的核心任务设计：

以小组为单位，参照以下步骤，从《雷雨》选段中任选一个片段进行展示演出。

①深入研读剧本。抓住戏剧冲突这个中心，多层次深入理解剧本的丰富意蕴。

②小组集体讨论，形成演出本。抓住关键台词或关键动作，悉心体会戏剧情境和人物性格，揣摩最合适的语气、语调，设计最适宜的表演方式。

③进行排演，准备演出。进行排演后，投入剧情，化身剧中人物，找到最合适的处理方式。

④解说演出本，正式演出，评议总结。全班学生进行评议，担任导演、演员的学生谈自己的心得体会。评议结束后，每名学生写一篇不少

于800字的作文，分析剧中的人物形象。

两者相较，其不同点显而易见。前者关注戏剧冲突、人物心理或形象、潜台词，并分别设计问题或活动；后者着眼于运用，以戏剧演出为核心任务，带动学生深入研读剧本，揣摩人物动作、神情与心理，并选用恰当方式完成表演。前者涉及的学习要素和学习方式过于单一，解决问题需要的时间相对较短；后者具有复杂性、综合性和挑战性，程序较多，需要学生深度学习、持续学习。前者关注文本内部问题的研讨，导向学生做题；后者关注由文本内部向外部的迁移运用，导向学生做事。

美国教育评价专家韦伯提出了“知识深度”理论。这个理论主要指向教学活动和任务设计，强调的不是内容的难度而是学习的深度、学习过程的复杂程度，这正是在课堂上落实核心素养所需要的。“知识深度”理论将学生的认识水平分成四个等级，设计者可以根据不同等级的思维要求，设计相应的活动和任务（见表2-3）。教师可以利用这个工具，设计与学习目标相匹配的活动和任务，也可以用这个工具评估自己所设计的活动是否处在较高的思维层级，是否具有一定的综合性和挑战性，是否能够推动学生深度学习、促进核心素养落实。

表2-3　认识水平的四个等级

深度层级	思维水平	认知水平	对应的活动/任务
第一级	平常思维	回忆与再现	陈述故事中的事件、人物、背景等； 列举关于某个概念的关键词； 根据剧本回忆时间点； ……
第二级	概念思维	技能与概念	用时间线、卡通画、概述或者流程图，借助具体细节，为系列事件排序； 用多种形式，如词汇、实物、图片等解释概念；为历史人物完成传记； 为开展调查研究制定恰当的学习策略，如信息找寻、收集、组织、展示和总结； ……
第三级	策略思维和推理	问题解决与应用	使用证据，形成观点或想法； 解释复杂的概念，并将其与真实的世界联系起来创作论文、故事、诗歌或戏剧； 设计组织和开展调查，形成结论； ……

续表

深度层级	思维水平	认知水平	对应的活动/任务
第四级	拓展性思考	迁移思维和创造	完成需要多种角色和合作的任务，如剧本创作、视频拍摄、编辑等； 组织和参与基于社区或学校的项目活动； 运用多学科的知识解决生活中或小说中的问题

语文核心素养是学生在积极的语言实践活动中积累与建构起来，并在真实的语言运用情境中表现出来的语言能力及其品质，因此，必须在真实的语言运用情境中才能培育。我们在设计核心任务时应当充分考虑核心素养形成的规律和特点，并认真考量其承载的价值和意义，只有这样，才能发挥核心任务在学生素养提升过程中的关键作用。

第三节　基于课程标准的学习情境设计

情境和任务是学习任务群的两个核心要素。任务是要学生做什么，而情境是条件，是在什么情况下做，是做的背景和意义。在任务群的学习中，我们总是围绕任务创设一定的情境，又在情境中完成相关任务。任务中有情境，情境中有任务以及任务的相关要求。有情境，任务才有可操作性，才可能引发学生真正的思考；脱离情境，学生无法理解所学内容的意义。因此，情境和任务是密不可分的，在任务群教学中，二者被合称为“情境任务”。围绕某一个学习任务群的教学目标创设一种真实情境，激发学生完成任务的欲望和动机，在这个任务的驱动下通过语文学习活动来完成任务，这是当前语文学习任务群的基本教学范式①。

那么，恰当的任务情境应如何创设呢？下面，我们从任务情境设计与传统教学中情境导入、问题设计的区别以及情境的自身特点出发加以说明。

①赵晓霞，王光宗．学习情境：撬动语文学习任务群的支点[J]．中学语文教学，2021(07)：4-8.

一、任务情境创设不是场景导入而是情境统领

在学习任务群中，任务情境不是教学中的一个导入环节，或者通过“讲个故事”将学科知识做所谓学生本位的庸俗化处理，而是结合学习的主题将整个学习内容、学习进程都置于情境之中，具有一定的综合性、开放性和挑战性。

传统的情境教学法是指在教学过程中，教师有目的地引入或创设具有一定情绪色彩的以形象为主体的生动、具体的场景，以引起学生一定的情感体验，从而帮助学生理解教材，并使学生的心理机能得到发展的教学方法。比如教学《始得西山宴游记》时，呈现几张西山的风景图片，让学生感受西山的壮美；教学《定风波》时，播放一段配乐的《定风波》朗诵，让学生体会苏轼的豁达情怀；教学《荷花淀》时，播放一段《水墨动画：荷花淀》视频，激发学生阅读小说的兴趣。这些都是情境教学法的具体体现。它们只是教学中的一个环节，主要起到场景导入的辅助作用。任务情境创设则不同，它指向整个学习内容和学习进程。比如，有一位老师在教学《始得西山宴游记》一课时，创设了一个任务情境。

在中国，有一种“山水因人而胜”的独特文化现象。山水名胜，美在自然，更美在人文。事实上，山水名胜与人也是彼此成就的，如蠡湖之于范蠡，敬亭山之于李白……还有，西山之于柳宗元。

2019年9月，湖南省永州市零陵区政府开始着力开发“西山文化”，整合众多人文与自然资源，形成西山文化集中体验展示区。我们将体验柳宗元的宴游之乐，参与西山文化设计，梳理并传承“西山文化”。

由此情境统领，产生了三个学习任务：

①“西山文化”开发中心计划在西山之巅建造一座观光亭，请依据《始得西山宴游记》，为观光亭命名（题写匾额），并撰写一副楹联。

②开发中心举办“大美零陵，西山看山”景点推介，请依据《始得西山宴游记》创作一段西山自然景致的推介词（300字左右）。

③对于“西山文化”的内涵，开发中心莫衷一是。请你撰写一段文字（400字左右），解读“西山文化”之精髓。

这位老师创设的这个任务情境指向对《始得西山宴游记》课文的深度研读，三个任务的完成过程也正是师生研读文本的过程，并且具有一定的综合性、开放性和挑战性。学生要想写好楹联，就必须对柳宗元和西山有所了解；要想写好西山自然景致的推介词，就必须熟读、精析文本第二段对西山的自然景致的描写；要想解读“西山文化”的内涵，除了了解西山景致之外，还要深入研究当时柳宗元的写作心理以及他为文的风格与政治理想。这三个任务倒逼学生去翻译文本、精读文本、研读文本。学生在阅读与鉴赏、表达与交流、梳理与探究等语文活动中完成对文本的学习。这样的教学过程把传统的教师讲授文本转变成学生主动学习和自我建构，让学生在语文学习活动中提升学科核心素养。这也非常清楚地解答了很多教师提出的“老师不讲文本，学生能会吗”的疑惑。教师确实没有“讲文本”，但是情境和任务逼着学生去研读文本，把“讲”变成了“学”。而且如果学生遇到不会解决的问题，他自己也会通过和同学讨论、查找资料、向老师提问的方式主动解决。这样的“不讲”，效果定然远远超越滔滔不绝的“讲”。

二、任务情境创设不是提出问题而是任务驱动

任务如果脱离了情境，极容易变成问题。

【案例一：《〈红楼梦〉阅读——钗黛比较》一课创设的情境】

小组合作学习，自选角度，比较宝钗和黛玉的形象差异。

【案例二：《荷花淀》一课创设的情境】

学校“读书节”到了，为了传承红色经典，推进中国革命传统作品的阅读，学校决定举行“红色作品最美女子”评选活动。请你为荷花淀的女子拍摄一段微视频参加评选，展现她或她们的美。

案例一是典型的“问题的提出”，而不是“任务情境的创设”。二者看似相同，却代表着两种不同的教学理念。“问题”指向答案，指向知

识中心；“任务情境”指向活动，指向学生中心。“提出问题—解答问题”，师生在一问一答中完成教学内容，这就是我们传统的教学方式。其中，教师通过提问把控学生与自己对文本理解和预设的一致性，其目的是把固定、明确的内容传授给学生。说到底，这还是以知识为中心的课程理念。脱离了情境的任务是无法驱动学习的，它只能传授知识而不能提升能力。为什么说“比较宝钗和黛玉的形象差异”不是真正意义上的“任务”？第一，它缺少“目的性”。我们为什么要比较二人的形象差异？比较二人的形象差异有何意义？回答不了这个问题，就会让学习缺少动机。第二，它缺少“开放性”。任务已经明显指向二人的“形象差异”，为什么不能寻找二人的共同之处呢？第三，它缺少“探究性”。虽然是“自选角度”，但它实质上还是对文本信息的筛选和概括，无非是“性格差异”“家世背景”“为人处世”几个方面，都在教师的预设和掌控之中。第四，它缺少“主体性”。在回答这个问题时，我们看不到作为独立个体的学生的独特感受。

任务情境的创设，首先指向学生的语文学习活动，目的不是完成教学内容和传授知识，而是让学生通过对文本的阅读与鉴赏、表达与交流、梳理与探究等活动，运用所学的知识去解决具体情境下的问题，从而提升学生的核心素养。

案例二的任务情境指向的是学生活动——为荷花淀的女子拍摄微视频，但教学目标依然是鉴赏小说中的意境美和人性美，传承和理解革命传统文化，但是学习方式发生了根本的变化，不再是学生被老师的问题牵着走。为了完成这个任务，学生进行小组分工，小组成员分别担任导演、编剧、演员、评戏员、资料收集员、导演助理等角色；然后，学生确定本小组要拍摄的微视频的名称，商定这段视频的主题词，改编剧本，选择演员，这些活动的实质还是对文本的研读，学生运用从文本习得的知识去解决新的问题，从而在语文学习活动中完成知识的建构。

三、任务情境不是虚假情境而是真实情境

以往的高中语文教学中往往存在一种实践偏差——学习内容通常依托不适宜的虚拟情境来展开，导致学习内容缺乏挑战性，没有吸引力。比如，学习小说时教师习惯性地安排学生讨论这样的问题：“假如你就是主人公，你会怎么处理这种困境”“假如你就是主人公的朋友，你想对他说什么。”这种问题情境看似真实，实则虚假；学习内容看似深刻，实则肤浅。当然，这并非否定所有虚拟情境。有的情境虽是虚拟的，但也符合生活的逻辑，在学生的现实生活或以后的工作与生活中可能会遇到，而且能够激发学生的探讨欲望，依然可以看作真实的情境；而有的情境，违背生活的逻辑，在学生的现实生活乃至以后的生活中不可能发生，为虚假情境。

课程标准特别强调：“真实、富有意义的语文实践活动情境是学生语文学科核心素养形成、发展和表现的载体。”这对“任务情境”提出了两点要求：一是“真实”，二是“有意义”。

“真实”，首先要求情境创设贴近学生的生活实际，与学生日常生活关联，是学生日常生活或在将来学习、工作、生活中可能遇到的问题；其次，情境创设要基于学生已有的经验并超越学生已有的经验，接近学生的“最近发展区”；最后，“真实”还意味着情境创设要符合学生的情感需求，这样才能起到激励、唤醒和鼓舞的作用。“有意义”要求情境创设要符合学科特点，抓住教学重点，激发学生学习文本的兴趣与动机。另外，“有意义”还意味着情境创设一定要融合问题或任务，并且问题和任务设计要适合学生实际水平，要新颖、生动、有针对性，这样才能激发学生思考与学习的欲望。

上文中提到的“为荷花淀女子拍摄微视频”的情境，虽然驱动学生去研读小说，进行语文实践活动，但是这个情境还是算不上“真实而富有意义”。因为“拍摄微视频”其实是一件非常复杂的事，需要有编剧写剧本，有导演安排演员、分配角色，有服装、化妆、场景、美工、字幕等幕后人员，以及特效师、特效剪辑师等。这对高一学生来说，显然

超出他们的生活实际和经验水平。远离学生生活的情境不仅无法调动学生的学习兴趣，而且会导致接下来的学习成了应付老师、强迫自我的行为。在此情境之下，如果将任务改成“为荷花淀女子拍摄微视频编写剧本”可能会更好一些，操作性更强一些。

课程标准的课程目标是发展学生的学科核心素养，而学科核心素养的实质就是把所学学科的知识和技能应用到真实生活情境中的能力和品格。形成这样的素养，不能只靠教师的传授，还要靠学生在一个又一个基于真实生活情境的任务或项目中通过体验、探究、发现来建构自己的知识，发展自己的能力。一旦脱离了情境，我们所获得的知识与能力很可能是无用的，所形成的核心素养也可能是表面的、不真实的。因此，提升任务情境的设计能力，应该是一线教师今后在较长时间内一直努力的方向。

第四节　基于课程标准的学习评价设计

学习评价是改进学生学习过程，提升学生学习成果，促进学生持续学习的关键环节。根据评价的目的和作用，针对学生学习的评价方式大致有两种：结果性评价与形成性评价[①]。

一、结果性评价设计

针对学习结果的评价通常在一个单元或一个模块学习结束后进行，是对课堂教学达成结果的评估，侧重于对学习结果的反馈。在整个评价体系中，结果性评价是检验教学成果、帮助学生反思与提升的重要手段之一，具有其他评估方式不可替代的作用。

①王福洲．新语文学习评价方式的实践探索与反思[J]．华夏教师，2023(01):53-55.

结果性评价是一个相对性概念。一节课中基于学生某项学习成果的评价，就是过程性评价；一节课后的检测与评价，相对于一个单元来说，也是过程性评价；一个单元学习后的检测与评价，相对于一个模块或一册教材来说，也是阶段性的。因此，结果性评价可以通过对结果的分析，帮助学生找到问题与不足、发现漏洞，对学生现时的学习成果提升乃至未来的学习都很有帮助。

结果性评价设计主要包括检测题的命制、检测结果及相关信息的利用两个方面。

（一）合理命制检测题，是准确评估学生学习结果的前提

1.坚持素养导向

结果性评价充分体现新课程理念、课程标准精神、新高考特点及学段特点，围绕阅读与鉴赏、表达与交流、梳理与探究等学习活动，紧密结合社会生活、生产实践、自然和科技的发展状况，在真实生活场景中考查学生运用学科知识分析问题、解决问题的能力，引导学生从解题走向解决问题。

2.坚持学考一致

所学非所考，既不能有效检验教学成果，也无法诊断学生的学习问题，更不利于培育学生的自信心。教、学、考三者一致是教学必须遵循的基本法则。结果性评价检测试题应密切结合所学内容，立足各单元或模块对学生的语文素养要求，着力突出学习任务群学习内容的考查，把单元导语、课后学习指导、单元学习任务等要素转化为考查内容。

3.选材要蕴含育人价值

材料和拟题应体现“理想信念”“文化自信”“责任担当”等人文精神，最好能体现教材人文主题。

4.合理确定命题蓝图

命题蓝图是教师命题意图和价值取向的集中体现，决定着命题方向和质量。在命制单元检测或模块检测试题之前，教师应梳理出单元或模

块中的素养要点，结合所学内容，对必备知识和关键能力分布及其考查载体做出规划，为命题实践提供路线图和施工方案。例如，表2-4所示的命题蓝图，对单元、任务群、语文素养、命题取向与要求等方面做了对应性思考和设计，既体现了学科素养要求，又体现了学考一致性原则，为命题活动的开展提供了方向引领和基本框架。

表2-4 高中语文选择性必修中册期中考试命题蓝图

结构	单元归属任务群	语文素养	命题取向与要求
信息类文本阅读	第一单元 科学与文化论著研习	1.抓住主要概念，把握核心观点，理清论述思路，感受逻辑力量； 2.体会其表达方式，把握文章的论证、论辩艺术和严密、准确的语言风格； 3.积极思考社会现象，深化对问题的认识，提高观点的深刻性，提升思维水平	选取两篇议论文，构成群文阅读，体现本单元的素养要求，吸收、转化单元研习任务
文学类文本阅读	第二单元 革命传统作品研习	1.了解纪实作品和虚构作品各自的特点和表现手法； 2.欣赏作家塑造艺术形象的深厚功力和富有个性的创作风格	本单元与第四单元同属文学类文本阅读，二者可取其一。本次考试只考查外国作家作品研习的相关内容
	第四单元 外国作家作品研习	1.理解作品的内涵，领会多样化的文化观念，尝试探讨作品所反映的社会文化差异，感受人类精神世界的丰富； 2.着重把握戏剧的矛盾冲突，体会对话在推动情节、塑造形象、揭示主题等方面的作用； 3.通过诵读感受诗歌的氛围，分析意象和隐喻，把握诗歌语言和情感的内在节奏，体会诗歌意蕴	本单元包括外国戏剧和外国诗歌两种文体，二者可取其一，本次考试只考查外国戏剧，可选取《玩偶之家》课本节选之外的部分
古诗文阅读	第三单元 中华传统文化经典研习	1.理解史家对笔下人物的认识和评价，把握作者观点，理解文中反映的历史观念； 2.把握论者的观点和论述方式； 3.学会在具体语境中分辨词语的意义和用法，把握古今汉语的差异与联系；学习评价历史事件，学写人物短评或驳论	本单元由史传和史论两类文章构成，二者可取其一，本次考试只考查史传类文本，选文应富有正能量
语言文字运用	语言文字运用Ⅰ	正确使用标点、正确选用词语、修改语病	一个材料统领3个题目，所选材料体现传统文化的魅力
	语言文字运用Ⅱ	补写语句（侧重语言的逻辑性）、下定义（把握事物的本质特征）	一个材料统领2个题目，所选材料体现当代科技发展成果
写作	第四单元 外国作家作品研习	学写申论，针对具体问题阐发观点，提出解决办法	仿照单元任务形式，提供新材料，完成一篇不少于800字的申论

（二）充分利用结果背后的信息，助力教学诊断与提升

检测结果往往以“分数”或是“等级”的形式呈现，“分数”或“等级”代表了以往的学习结果。教师可以借助这些“分数”或“等级”对学生阶段学习程度或效果作出基本判断，反思自己教学中的问题，思考改进的途径、策略和办法。这方面教师们已经在长期的教学中形成了高度自觉，并积累了丰富经验。

但是，结果性评价仅止于此是远远不够的。“分数”或“等级”的背后隐藏着丰富的前因性信息，挖掘、整理和利用这些前因性信息，弄清结果背后的问题、问题背后的原因，是实施教学改进行动和学习改进行动的重要环节。

结果性评价关键信息的整理有多种形式，教学中最需要的有两种：一是阅卷报告，二是学生诊断报告。

阅卷报告是阅卷教师基于具体题目的评阅细则和学生答题存在的问题，通过评阅者的观察与思考而形成的总结性文稿。一份较为完整的阅卷报告应包含针对具体题目的评分标准、典型的答卷问题（并附答题图像）、教学建议等基本构成部分。

二、形成性评价设计

形成性评价是对学生学习过程的评价。它发生于学生的学习过程中，侧重于对学习过程的评价，应贯穿于学生学习的全程。

设计形成性评价时，教师必须思考并回答“谁来评”“评什么”“怎么评”这三个关键问题。

（一）评什么——从“对学习的评价”走向“为学习的评价”

长期以来，课堂教学中最常见的评价是“对学习的评价”。教师针对学生对某个答案进行展示后组织的评价、某项学习任务完成后的成果评价、一节课即将结束时的当堂检测等，都是“对学习的评价”。这种评价方式有助于教师指导学生利用学习结果发现其中存在的问题并加以改进、提升。但由于过于关注学习结果本身，而缺少对其产生过程的关

注，这种评价方式往往不仅不能从根本上解决问题，而且易于形成学生的负积累。

课程标准在“评价建议”中明确指出，“语文课程评价的根本目的在于全面提高学生的语文学科核心素养”“评价的过程即学生的学习过程”“评价不仅要关注学生外在的学习结果，更要关注内在的学习品质。注意通过评价引导学生学会学习，自觉提升语文学科核心素养”。

由此可见，形成性评价作为评价体系中的一种方式，必须将“全面提高学生的语文学科核心素养”作为根本目的。为达成这个目的，形成性评价就必须从“对学习的评价”转向“为学习的评价”。

所谓“为学习的评价”，顾名思义，就是为了促进学生学习的评价。它以学生学习为中心，以提升学生素养为目的，服从并服务于学生的学习。“对学习的评价”与“为学习的评价”虽仅有一字之差，却迥然有别：前者将评价作为教学中的一个独立环节，且往往只有这一个环节；后者则是将评价贯穿于学生学习的全过程，全程引领学生的学习。前者关注的是学习的外在结果，往往忽视结果产生的过程；后者不仅关注学习的结果，更加关注学习的过程及其内在品质。

从“对学习的评价”转向“为学习的评价”，就是要充分考虑核心素养本身的特点和生成规律，全程关注学生的学习态度、学习习惯、学习行为、思维方法与思维品质等关乎素养生成的各个要素，并让评价服从并服务于学生的学习，从而逐步提升学生的学科素养。

（二）谁来评——从“教师主宰评价”走向“评价主体多元化”

课程标准倡导评价主体多元化，并提出“语文课程评价应面向全体学生，尊重学生的主体地位”。

评价权并非只能掌握在教师手中，学生本身也是评价的主体。因为，真正有意义的学习，是有目的、有计划的自觉行动，即在学习过程中，学生理解学习目标，针对具体的学习内容选择适当的学习方法，通过合适的行动路径，获得预期的学习结果。要有效完成这样的学习，学生就必须通过自我评价，反思和改进自己的学习行为。从这个意义上来说，学生应当是，也必须成为评价的主体。只有高度重视学生作为学习评价主体的意义及价值，并充分发挥学生在学习评价中的作用，语文素养培养的目标才能真正实现。

以学生为主体的评价，既包括学生个体自评，还包括同学互评。特别是在学习共同体理念普遍推广、合作学习已成为常态的新时期，学生互评有利于促进学生之间分析问题、解决问题的策略与方法的互鉴，实现共同成长。

当然，以学生为主体的评价并不排斥教师的评价。教师是学生学习过程的指导者，也是参与者，教师的评价不应缺失。首先，教师应作为平等的一员和学生共同参与评价过程，与学生展开多向对话交流。其次，教师的评价应选择适合的契机，止于不可不评。教师要清楚什么时候该自己出场，什么时候该学生出场，不能动辄由自己来评，甚至以自己的评价取代学生的评价。最后，教师的评价要比绝大多数学生更具有针对性和启发性，能让学生产生深度共鸣，能引领学生的思维迈向深入，而不能混同于一般。

（三）怎么评——从“随意性评价”走向“工具支撑”

传统的课堂教学多以教师的问和学生的答为主线展开，因此，教师往往会针对学生对问题的回答随机组织学生进行点评，或者教师直接点评。这种“随意性评价”往往由于事前缺乏评价标准的设计而带有浓重的随意色彩，难以引发学生深入思考和进行系统性的评价，严重削弱了评价的功能。

课程标准提出的学习任务群具有大主题、大任务、大情境、综合性、实践性、生活化等特点。学习任务群教学为学习评价设计带来了很大的挑战。如果说“随意性评价”还能勉强应对传统课堂，那么当它面对任务群学习时简直就是“寸步难行”了。

学习任务群教学迫切呼唤与之相适应的评价设计。面对综合性的学习任务和复杂性的学习表现、学习成果，研发评价量规，为评价过程提供有力支撑，为学生学习提供引领，已成为当下高中语文课堂教学的急切需求。

评价的过程即学习的过程。评价量规的设计应密切结合学生的学习任务、学习过程和学习结果，切实发挥其对学生学习的检查、诊断、反馈、引领等功能。

1.指向单元整体学习的评价量规

伴随着单元整体教学逐渐成为高中语文教学新常态，学生的学习也由传统的单篇学习转向单元整体学习。因此，设计针对单元学习的评价量规，以此引领学生对整个单元的学习，已成为学习评价设计的重要组成部分。

单元学习评价量规的设计应从达成本单元语文素养目标的关键要素出发，多维度描述不同等级的质量标准，既为学生的单元学习提供指南针，也为学生自评和互评提供参照标准，如表2-5所示。

表2-5　单元学习评价量规

评价指标（分值）	优秀（8～10分）	一般（6～8分）	加油（0～6分）	学生自评	小组互评	教师评价
学习态度（10分）	1.对高一第一主题单元的学习始终有探究兴趣； 2.高度重视、认真对待、积极参与	1.对高一第一主题单元的学习有一定的探究兴趣； 2.能认真对待、积极参与	对高一第一主题单元的学习重视程度不够，参与意识不强			
知识掌握（10分）	1.能熟练背诵课文； 2.能清楚叙述作者各个时期的代表作品	1.能背诵课文； 2.能清楚叙述作者各个时期的代表作品	1.不能完整背诵课文； 2.不清楚作者各个时期的代表作品			
阅读能力（10分）	1.能熟练地运用略读和浏览的方法，阅读有关资料不少于6篇； 2.阅读同学的博文不少于5篇，并作出点评	1.能运用略读和浏览的方法，阅读有关资料4篇； 2.阅读同学的博文不少于3篇，并作出点评	1.能运用略读和浏览的方法，阅读有关资料少于3篇； 2.阅读同学的博文不少于3篇			

续表

评价指标（分值）	优秀（8～10分）	一般（6～8分）	加油（0～6分）	学生自评	小组互评	教师评价
表达交流（10分）	1.小组交流时能主动发表见解，展示个人作品时大方自然、口齿清楚，清晰表达自己的观点； 2.认真倾听他人的汇报，并能恰当点评； 3.积极参与小组幻灯片的制作，写出全面、具体的学习总结	1.小组交流时能按要求发表见解，按要求展示自己的个人作品，说清楚自己的观点； 2.倾听他人的汇报； 3.完成小组幻灯片的个人任务，并按要求写总结	1.小组交流时不能清楚地表达自己的见解； 2.能倾听别人的发言，有所收获			
探究能力（10分）	1.有强烈的求知欲，不断提出许多与任务相关的问题，并努力寻找答案； 2.能在遇到问题时独立寻找解决办法，不放弃	1.能够提出与主题相关的问题，希望找到答案； 2.能在遇到问题时自己进行探究或与同伴讨论寻求解决途径	1.能提出问题，但有时偏离主题或不做进一步的思考； 2.能对遇到的问题进行一些探究，但缺乏毅力，喜欢依赖同伴			
反思能力（10分）	1.能经常反思学习中的不足； 2.及时总结经验，调整学习状态和方向； 3.能针对同学的建议，对自己的作品进行修改	1.能经常反思学习中的不足； 2.及时总结经验，调整学习状态和方向； 3.能意识到同学的建议的好处	不能认识到学习中的不足			
小组合作（10分）	1.每个成员积极参与小组活动； 2.组员之间交流、分享搜集的材料； 3.小组集体展示小组活动学习成果，人人发挥作用，幻灯片内容有主题、有学习价值	1.大部分成员能参与小组活动； 2.组员之间交流、分享搜集的材料	1.有少部分成员参与小组活动； 2.有少部分组员之间交流、分享搜集的材料； 3.小组集体展示小组活动学习成果，幻灯片价值不高			

续表

评价指标（分值）	优秀（8～10分）	一般（6～8分）	加油（0～6分）	学生自评	小组互评	教师评价
信息技术（10分）	1.信息渠道多样，能用多种搜索方式，能获得大量信息，信息内容全面、价值高； 2.能用多媒体制作演示文稿； 3.能借助班级博客交流研究成果	1.信息渠道多样，能获得大量信息，信息内容全面； 2.能用多媒体制作演示文稿； 3.能借助班级博客交流研究成果	1.有一定的信息渠道，能获得一定信息，信息内容不够全面； 2.能用多媒体制作演示文稿； 3.能借助班级博客交流研究成果			
写作能力（10分）	1.能依据课文内容进行评价，并写一篇不少于800字的文学评论； 2.个人博文观点清晰，有感悟，具有阅读价值，能感染人	1.能依据课文内容进行评价，并写一篇不少于800字的文学评论； 2.个人博文观点清晰，有感悟，具有一定的阅读价值	1.能完成文学评论的写作； 2.个人博文观点不够清晰，阅读价值不高			
学习成果（10分）	能对自己写作的文学评论进行修改整理，发到班级博客，较好地完成个人学习任务，并进行展示	能进行必要的修改整理，按要求完成个人任务，并进行展示	能尽力完成个人学习任务，并进行展示			
总计						
最终分数						

注：1. 本表是对学生本次学习过程的总体评价。

2. 总分100分，最终分数的计算方法为自评占20%，互评占30%，教师评价占50%。

单元学习评价量规在使用时应立足学生单元学习全过程，充分发挥其过程引领作用。例如在单元学习之始，教师可让学生通过该量规明确不同等级的质量标准，确定自己的目标；在单元学习过程中，教师可以按照等级质量标准，引领学生开展自评和互评；在单元学习之后，学生对照标准，总结、反思本单元学习的收获与不足，进一步明确持续改进的目标与方向。

2. 指向某个学习环节的评价量规

在以学生自主、合作、探究为主要学习方式的课堂上，学生的每个学习环节都需要基本的学习规范和要求。如果这些规范和要求靠教师用话语来说明，往往会产生很多弊端：一是规范和要求的内容较多，学生听之于耳，难以留下较长的记忆；二是教师提示性话语过多，可能造成对学生思维的干扰；三是学生缺乏外显的参照标准，难以展开有效的自评和互评。使用评价量规，则可以较好地解决上述问题。

如针对学生在小组合作中出现的“打酱油”、凑热闹、各自为政的现象，教师可着重从组长领导力、分工与协作、规划与效率等方面确定评价量规（见表2-6），以此帮助学生进行合作学习。评价量规呈现在课件上或者学案上，就如同一枚指南针置于学生眼前。组长知道了如何做，会变得更有领导力；组员清楚了自己的职责，会不断反思自己的行为。这样，教师期望的有序、高效的小组合作才会变成现实。

表2-6　小组合作评价量规

评价指标	优秀级	合格级	改进级
组长领导力	组长非常清楚小组的学习任务；能激发团队成员的积极性；及时捕捉团队成员的好方法，优化过程，顺利完成预期的任务	组长清楚小组的学习任务；始终关注成员的分工、协作；能协调可能出现的问题，确保完成任务	组长的领导力不足，不能有效组织团队通过分工协作完成任务
分工与协作	每位成员都清楚小组的学习任务，也清楚自己的任务和其他成员的任务；每个成员都时刻关注任务的进展情况，并及时作出调整；成员之间配合默契	每个成员都清楚小组的学习任务，也清楚自己的任务；成员之间能互相帮助、互相补台、互相启发	分工不明确，存在“打酱油”的现象；缺乏合作，存在各自为政的现象
规划与效率	成员之间充分研讨小组任务，明确人物之间的关系，形成合理、科学的小组规划表；每个成员都能有序地完成各自的任务，使小组工作更加高效、快捷	每个成员都清楚小组的学习任务，能作出小组的规划；每个成员都能在规定的时间节点完成各自的任务	不清楚小组的学习任务，缺乏统筹和规划；不能在规定时间内完成任务

再如针对课堂辩论环节的评价量规，教师在设计时应根据已有的教学经验，充分估计学生在辩论环节可能出现的种种问题，并基于这些问题设计规范和要求。如表2-7所示的针对课堂辩论会的评价量规，从开篇立论、质询环节、自由辩论、总结陈词、团队配合与临场反应等方面

设计了应当遵循的基本标准。正是因为有了这样的标准引领性工具，以往感觉难以组织的复杂性实践活动才能有效展开。

表2-7　辩论会评价量规

评价指标(分值)	评分要点	正方	反方
开篇立论(20分)	1.开篇立论逻辑清晰,言简意赅,论点明晰,分析透彻; 2.对于课文理解精准,能够运用文本中的观点对辩题进行适当解释; 3.能借鉴课文的论证艺术展开论述; 4.语言表达流畅,有文采		
质询环节(20分)	1.此环节要求基于课文内容进行,体现"我为作者代言"的辩论中心; 2.脱离文本观点和材料,此环节的分数为零		
自由辩论(30分)	1.攻防转换有序,把握辩论的主动权; 2.针对对方的论点、论据进行有力反驳; 3.语言表达清晰流畅,事实引用得当		
总结陈词(20分)	1.全面总结本方的立场、论证,系统反驳对方的进攻,为本方辩护; 2.语言表达具有说服力和逻辑性		
团队配合与临场反应(10分)	辩论队整体形象良好;辩风、整体配合、语言运用、临场反应(语言、风度、举止、表情)得当;有团队精神,相互支持;辩论衔接流畅;反应敏捷,应对能力强;问答形成一个有机整体		
团体总分			

3.指向学习成果的评价量规

学生的学习成果，既意味着某项学习任务已走向终结，也意味着一个新的学习历程即将开启。指向学习成果的评价量规应当基于学生已有学习成果，提供可提升的参照标准。

比如，根据统编教材选择性必修中册第四单元的语文素养要求，教师设计了如下学习任务。

阅读下面的材料，围绕“走向世界舞台中央”这个话题，选择一个角度，联系社会生活，写一篇不少于800字的申论。

过往任何一个时代的年轻人，恐怕都没有像今天这样，从一出生，就具有令人称美的国际化基因，这是现代中国在这代青年人身上打下的最鲜明烙印。

从“观察世界”，到“融入世界”，再到“影响世界”，年轻人由被动到主动，背后更彰显着中国在世界格局中的地位已悄然改变。站起来、富起来、强起来，中国进入新时代，也同样为你提供了一个走近世界舞台中央的机会。

得天独厚的开阔眼界，让你能够站在历史的塔尖，张望更加遥远的未来；中西古今的比较视野，让你手握丈量世界的工具，观察和理解更为复杂的人和事。也正因此，知识渊博、思想开放、头脑灵活的我们，肩上自然也就多了一份使命。如果说百年前，仁人志士走出国门，只为求一纸救国良方，虽有所得，却难掩心中的屈辱和无奈；那么今天，伴随“一带一路”建设、构建人类命运共同体的历史使命，你的心中应该有十足底气，去勾画和塑造整个世界的明天。

（摘编自《我们的征程是星辰大海》，2018年2月《人民日报》）

高中阶段，学生首次接触申论写作，其难度可想而知。当学生以成文的方式呈现学习成果时，不管成果处于何种水平，应当说都包含着学生的写作热情和思考。如何评判学生的成果？如何基于现有成果进行提升，让学生在写作上有更多的获得感？这的确考验教师的指导智慧和水平。

从写作的文体来看，申论是议论文的一种，具有一般的议论文的基本特征，但又与一般的议论文有所不同。一般的议论文重在分析说理，而申论重在解决问题，即列出可行的解决方案并进行论证。

从提供的材料与写作的话题来看，材料阐明了时代青年面临的机会与使命，而时代给予的走向世界舞台中央的机会当如何把握、时代赋予的使命该如何践行，这些应该是写作思考的方向。

从学生提交的写作成果来看，学生的写作成果存在以下问题。

①脱离材料，没有概括并分析材料，提出自己的观点，不符合申论要求，自说自道；直接写成一般的议论文，谈青年和国家的关系。

②没有按照要求写作，没有提出具体可行的解决问题的办法或提出措施后没有展开充分论证。

③题目大而空或直接以话题为题目，例如使用“吾辈”“答案”“新中国，新青年”“新时代年轻人”“走向世界舞台中央”等话题。

④缺少主体意识，只谈国家；内容涉及的仅仅是走向世界舞台的某一个方法，只谈“实干”“创新”“奋斗”等，思路过于狭窄。

上述问题中，第一项与第二项都是因未掌握申论的文体要求，因此，教师在设计评价量规时应当重点明确文体要求方面的标准。表2-8所示的评价量规体现了申论作为议论文的共性要求和申论的个性要求，切中肯綮，具有较强的针对性和引导性，为学生的评议和写作升格指明了方向，体现了教师对申论写作问题的精准把握和指导智慧。

表2-8　申论评价量规

等级（分值）	质量标准描述
一类文（53～60分）	文体特征鲜明，观点明确；能准确概括材料的主要内容，分析其中反映的问题，并针对问题提出对策，列出方案进行论证；论据典型、丰富、有时代感，逻辑严密，论证方法及表达方式灵活多样；语言流畅，有说服力和感染力；书写认真，卷面整洁，无明显涂改，无错别字
二类文（45～52分）	文体特征较为鲜明，观点基本明确；能正确概括材料内容，提炼出其中反映的问题，提出解决问题的对策，但思路不够清晰，逻辑稍欠严密；论据较典型，有时代感，能够运用常用论证方法及表达方式；语言流畅，较有说服力和感染力；书写认真，卷面较整洁，有涂改和错别字现象
三类文（38～44分）	文体特征不够鲜明，观点不够鲜明；材料内容概括基本正确，不清楚材料反映的问题，缺少具体明确的对策与方案；论证过程缺乏逻辑，段落之间文意关联度弱，论证单薄无力、大而空；卷面不够整洁，有涂改及错别字现象
四类文（30～37分）	文体特征模糊，材料归纳偏离中心，问题的提出与分析缺乏针对性；论证层次混乱；书写不够认真，卷面不够整洁，涂改及错别字现象较多
五类文（0～29分）	无文体意识，材料归纳偏离中心，不能指出材料反映的问题；抄录材料，大段或完全抄袭等；卷面不整洁，涂改多

总之，评什么（评价内容）、谁来评（评价主体）、怎样评（评价方式与工具）这三个问题是关乎学习评价设计的关键问题。只有将这些问题弄明白、思透彻、想具体，才能解决当前课堂教学中存在的评价主体错位、评价滞后、评价缺失、评价虚浮和无效评价等问题。

第三章　核心素养下高中语文大单元教学设计

第一节　大单元教学设计概述

一、大单元教学

新一轮课程改革倡导教师在大单元整体教学设计基础上，再分课时教学设计。教师是教学活动的主导者，开展课堂教学之前应该聚焦单元整体内容。崔允漷教授认为："这里所说的单元是一种学习单位，一个单元就是一个学习事件，一个完整的学习故事，因此一个单元就是一个微课程。或者说，一个单元就是一个指向素养的、相对独立的、体现完整教学过程的课程细胞。"由此可以看出，大单元教学缘于一个任务或者情境的出现，基于情境和任务产生冲突，形成相应的学科问题，而这个问题不是教师提出来的，而是学生实际学习活动中所真实存在的问题。根据问题再展开相应的语文教学活动，让学生学习的本质得到有效恢复，这就是大单元教学的过程①。

①丁维佳. 高中语文大单元教学设计优化研究[D]. 南京:南京师范大学,2021.

二、大单元教学设计概念辨析及特征

（一）传统单元和大单元

单元是教材的基本组成部分。广义的单元是指文本中自为一体或自成系统而不可分割的独立成分，是“教材的基本单位，即一门学科中性质相同、相近或有内在联系的教材组成的一个相对完整部分”。具体到每个单元来说，都有一个明确的主题。统编版高中语文教材的单元通常是在每个单元主题下设几篇课文。

传统单元和大单元两者都是一种多篇教学模式，并且同一单元之中有着大致相同的教学目标、内容、策略、路径和评价等要素，同一单元中的多篇课文有着诸多相关性。不过，大单元教学与传统单元教学设计之间仍存在着本质上的区别。

第一，从课程知识看，传统的单元虽然由多篇课文组成单元内容，但大多数教师在教学过程中仍以单篇教学为主，单元知识内容容易出现凌乱、分散的情况，而大单元教学则把整个单元当成一个整体，以统整的方式实现多篇课文间的不同内容的有效整合。

第二，从教学方式看，传统的单元教学经常以教师讲授和单元测评为主，属于一种应付考试的知识性教学，学生的积极主动性得不到有效发挥，整个教学过程变得枯燥无味。大单元教学改变了这一现状，教师以真实情境的创设为基础，引导学生完成任务活动，有助于学生自主进行合作探究。

第三，在教学资源方面，传统单元教学仅仅以教材内容为主；大单元教学则破除了教材内容和学校教学时间的限制，灵活多样地运用不同多媒体等资源帮助学生完成学习任务。

（二）大单元教学设计的特征

大单元教学设计的特征主要包括以下四个方面。

一是教学内容更加丰富。大单元教学材料不仅仅是单元中的几篇课文，而是根据需要的多篇文本的有机整合。如统编版高中语文教材《红楼梦》整本书阅读中，一个单元就涵盖了一本书内容。这样的单元更像一个较小的教学模块，学生能够集中一段时间掌握小说的阅读策略，更加集约有效。

二是用大概念进行内容统摄。大单元要有核心主旨内容，依托大概念展开学科知识的学习。而这种极具概括的单元教学内容需要教育专家和一线语文教师在已有经验的基础上，不断梳理和概括核心知识内容。例如传统语文课堂教学活动中，对学生听说读写能力的培养都有着不同的教学理论。过去常讲“说话要有依据”，其实学生的写作和阅读也要有所依据，要对相应的背景知识进行概括和总结。这样我们可以从更加高位的层次去概括语文教学理论。即经历决定语言表达的起点；换而言之，所有的语言表达活动都是作者依据个人已有经验得出的。这就可以说是一个统摄性的语文学科大概念。

三是课程内容结构化重组。由于大单元教学设计内容往往复杂繁多，为了使它们杂而不乱并产生有机联系，首先要对其进行结构性整合。结构化的语文教学活动是教师逻辑思维能力的高度体现，教学过程必须严格按照学科逻辑和教师思维逻辑进行课堂教学内容的改革和创新。这种重新建构活动非常考验教师自身知识储备水平以及创造能力。

四是具有“情境”的特征。其理论假设为语文学科素养，即教师或者学生在情境任务活动的基础上，调动自身的知识和技能的能力。这种知识不是存在于教学活动主题之外，而是具有情境性、地域性和个体性的内容。大单元教学设计不再是三维教学目标下的知识技能教学活动，而是基于设定的主题，让学生在“做中学”。这与核心素养的内在要求相吻合，有助于激发学生学习的内在动力。这样的情境任务设计同时也是对语文教师的创意性教学的一种考验。

三、大单元教学设计相关理论

（一）建构主义理论

20世纪90年代末，瑞士心理学家皮亚杰第一次提出建构主义理论。

它主张以学生为中心，不仅要求学生由外部刺激的被动接受者和知识的灌输对象转变为信息加工的主体、知识意义的主动建构者；而且要求教师要由知识的传授者、灌输者转变为学生主动建构意义的帮助者、促进者。因此，教师要发掘学习动机的积极作用，不断激发学生学习的内在驱动力，引导学生开展有意义的学习建构，主动结合自己所学知识和已有的学习和生活经验，学习的实质是学生经验系统的变化，也就是说学生在学习过程中，其经验系统得到了重构和更新。建构主义学派认为学习者应基于自己的独特生活经验去主动建构自己的知识，对知识的理解是通过与环境的互动发生的，学习者的认知脱离不了情境。这点与大单元教学理念相一致。

在大单元教学设计过程中，教师在核心素养的导向下，依据课程标准、统编版教材和学生实际情况，有目的地对课堂教学内容进行整合，形成真实情境的大单元教学。学生主动、自觉地参与完整的课堂教学活动同样也是进行自主建构的过程。课程标准认为，语文学科核心素养是学生在积极的语言实践活动中积累与建构并在真实的情境中表现出来的，这也反映出学生语文核心素养的形成离不开建构主义学习理论的应用。

（二）最近发展区理论

最近发展区理论由苏联著名心理学家维果茨基提出，指的是学生原有的知识水平与在外部协助下能够达到的知识水平之间的差异。简而言之，学生在原有的知识水平基础之上，通过作出相应的努力就可以达到更高层次的知识水平。教师应当着眼于学生的最近发展区，处理好课堂教学中的难与易、快与慢、多与少的关系，使教学内容和时间都符合学生最近发展区，而教学的深度则在大多数学生经过努力之后都能接受，进一步激发其潜能，突破其现有水平达到下一阶段发展的要求，进而实现更深层次的发展与进步。

在具体展开大单元教学设计之前，教师应当从整体出发，考虑班级学生的实际水平以及不同学生的个体差异，在学生原有的知识水平基础上，探讨如何选择适合学生当前水平的内容、确定学生可接受的任务活动，合理设计教学目标和过程，充分调动学生的积极性。

（三）情境学习理论

情境是情感调节的手段，旨在优化学生的学习环境，以促进学生积极参与学习。课堂情境是指教师在课堂教学中，以完成教学目标为导向，基于教学内容构建的具有学习或生活背景且能产生一定情感反馈的学习环境。情境学习理论认为，学习知识不是个体意义建构的心理过程，而是个体与社会或学习情境之间发生互动的结果。

因此，参与社会情境的文化实践活动实质上是个体知识结构形成的源泉。情境学习理论重视知识与环境之间的动态相互作用，哈佛大学心理学家布莱恩等人强调学习者在情境中通过活动获得了知识，学习者的学习与认知是离不开情境这一重要因素的。基于情境学习理论，他们提出教学设计必须遵循以下要点：一是教师选择复杂真实的教学情境；二是教师提供给学生适当的帮助；三是教师尊重学生主体性，做学生获得知识的促进者；四是在学习过程中给予学生实时的反馈评价。

情境学习理论为大单元教学设计提供了理论支撑。大单元教学设计通过情境创设，使学生的学习发生于真实或者类似真实的个体体验环境、社会生活情境或学科认知情境中，从而对学生的思想和行为等方面内容产生一定的积极影响。在具体教学过程中，教师以学生的核心素养发展为目标，尊重学生的主体地位，关注对学生的实施评价反馈，这与情境学习理论的要点相一致。

综上所述，建构主义理论中的根据学习者自身经验建构知识，最近发展区理论中关注学生个人水平发展情况，情境学习理论中创造真实复杂的学习情境。本文中运用建构主义理论、最近发展区理论与情境学习理论设计大单元教学策略，并将这三种理论与大单元教学设计案例紧密结合，表明了大单元教学要重视学习者主体地位、给予学生真实客观评价等教学重点。

第二节 核心素养下的高中语文大单元教学设计的价值与必要性

通过对当前高中语文大单元教学设计的现状的研究发现，必须以核心素养为取向的高中语文大单元教学设计，本节就其价值与必要性进行阐述。

一、指向核心素养的高中语文大单元教学设计的价值

大单元教学在培养和提升学生的核心能力方面有着更为普遍、深刻、长久的优势，对其价值的论述可以从核心素养的四个方面展开。

（一）学会语言建构与运用

语言作为语文的重要载体，培养核心素养的点应放在语言的建构与运用上。不同的语言组合，有益于学生语言的激发、语感的积淀、语言知识的交融。并且，通过大量组合有序、逻辑缜密的语言材料，可以帮助学生建立自身的语言认知结构，使其能够更好地表达和灵活地使用语言。

在大单元教学设计中，教师可以设置引导学生朗读课文活动，自觉地仿照作者的写作思路和语言表达方式，进行多种语言活动，增强语言应用的能力。在掌握了一定的语言和文化知识后，再学习使用的方法，便可以达到语文学习的目的。教师要让学生多开展一些联系学生实际经历的活动，创造一些具体的语言情境，让他们有更多的时间和更广泛的空间来应用所学的知识，这样学生就可以形成自己的知识链条，从而建立起自己的知识系统。

在语言输入和输出理论中，阅读是一种输入的活动，而写作是一种输出。没有语言的输入，就不存在语言的输出，而没有了输出，语言的输入也就失去了意义。从这个角度来看，大单元教学设计着眼于提高学生的阅读和写作水平，使学生能够更好地表达自己的感情，并把在课堂

中所学到的写作技巧和精神内核运用到自身的写作实践中去。语文课堂教学承载着弘扬传统文化的责任，在课堂任务完成之后，让学生把自己的思想和感受进行传达，这不仅是一种知识的传递，也是一种文化的承袭。同时，通过以个人情境体验和完成任务活动的方式，可以更好地实现大单元教学的目标①。

（二）促进思维发展与提升

“思维发展与提升”是指在语文教学中，学生的思维能力得到发展、思维素质得到提高。任何一门课程的教学都必须培养学生的思辨力，而“思维发展与提升”则是语文学科的重要内容，学生可以利用课堂教学活动来开阔自己课文内容的解读视野，剖析、对比、整合和归纳出一些现象，从而更好地提升学生的语文核心素养。

传统的单元教学是以单篇课文纵向教学为主，没有横向分析文章内容。而大单元教学使学生从单篇阅读的束缚中解放出来，以多篇课文共性为抓手，促使单元形成了一个有机的整体，除了纵向对比之外，还存在着不同教学要素的横向对比。这些因素纵横交错，更有利于锻炼学生的思维。大单元教学与传统单元教学最大的不同在于大单元教学以任务驱动教学过程。在创设的情境之下，通过单元整体教学将多篇课文要素进行剖析、整合，进而加深对语言材料的体悟。通过教学实践，善于主动学习的学生，其总体上具有明确的概念、深刻的分析、确切的判断、良好的记忆力、充分的联想和自主思考的能力。这是由大单元自身特点决定的。

大单元设计中，教师通过对课程标准、教材和学情等多种内容进行有效的整合，选择课文内容的相似处设计教学目标，注意不同课文中的不同之处。矛盾点必然会引起学生的困惑，教师若能对矛盾点进行正确的引导，就能提高学生的思辨力，从而提升思维能力。同时，由于不同

---

①段晓琴. 学科核心素养导向下高中语文“大单元”教学设计初探[J]. 甘肃教育研究,2023(02):68-70.

的人对同样的事物有不同的认识，向学生展示不同的理解，能够激发他们的思考，提升学生的思维能力。

（三）提高审美鉴赏与创造力

“审美鉴赏与创造”是指学生在语文学习过程中，学习单元课文所体悟到语言的魅力，得到关于美的体验，使这种审美体验转化为美好情感和审美观，从而能够用语言去鉴赏美、表达美。教材单元课文有着不同的主题、不同的写作方式。在审美鉴赏中，也有不同的表现形式。即便是同一位作家，在不同的人生时期对美的认识也不尽相同。

在鉴赏文本时，教师引导学生在一位作者的不同作品中反复体味，这样可以让学生全面细致地认识到作家的语言习惯和风格，而不是只分析教材中选取的一篇文章那么简单。学生能体会到作品的意象与感情，能够鉴别出不同时代的文学创作倾向，能够用兼容并包的眼光欣赏不同风格的文学创作。在品读的过程中，学生与作品进行灵魂对话，在优秀作品中培养出色的审美情趣以及非凡的审美品位。

审美方法的养成是在审美鉴赏的基础上完成的。鉴赏的过程是困难的，方法的表述更是难上加难。即使如此，理解和表达要尽量准确是我们不断前进的方向。教师需要适当放权，适时指导学生自己去展示和交流学习成果。教师扮演的角色是引导者而非领导者，学生需要多参与任务活动。通过课上让学生自主阅读、小组分析并讨论单元学习内容，并内化为自身情感，之后用言语体系输出审美体验，即使学生对课文教学内容的情感把握不够准确，也要亲自去体悟和表达。当学生对存在的问题需要得到有效解决时，教师及时引导和纠正学生，学生就能更深层面上学会相应的方法，从而达到理想的学习效果。

（四）推动文化理解与传承

语文课程在传承与发扬本民族优秀传统文化方面，有着其他学科无法取代的功能，同时也能加强对本民族文化的认同。在进行大单元教学时，应注意对传统文化的传承和发扬，在尊重和认识多元文化的同时，加强对传统人文意识和现代国际化的思考。

高中语文与传统文化之间有着紧密的联系。高中语文教材中选取的都是优秀的文学作品，都是对传统文化的继承和发展。无论是小说、散文，还是戏剧文本都显现出传统文化的魅力。一方面，学生通过学习优秀的文化作品能够激发学生的爱国之情；另一方面，对于传统文化的热爱反过来推进了语文课堂教学的改革。因此，在大单元教学中，要注重发扬中华传统文化，采用行之有效的教学方法设计教学内容，以提升学生对传统文化的认识为目的，不断提高学生的学习积极性，促进传统文化的继承和发展。

语文教学不仅能让学生更好地理解并传承自己民族的文化，更能客观地对待不同国家的文化。大单元教学设计注重学生个性的发展，这在一定程度上缔造了学生多元包容的个性特征，有助于学生树立多元文化意识。同时，高中语文课堂教学为多元文化的实施提供了一个良好平台，教师要主动为学生创造对话式情境教学环境，提升学生的文化素养，培育学生开放性思维，使学生在了解不同文化的基础上尊重不同文化的差异性。这就要求教师不能忽视语文教材中的外国文学作品对学生发展的重要作用，帮助学生成长为一个对社会有所贡献的人。

二、指向核心素养的高中语文大单元教学设计的必要性

（一）新一轮课程改革的要求

新一轮课程改革是语文教学深化改革的契机，立德树人成为教育的根本任务，从根本上推动了语文教学思想、教学内容、教学方法和教学评价的改革。要实现这一目标，学科教学必然要向学科教育转变，以教师为中心的教学也必然要转向以学生为中心。

大单元教学以教学评一体化成为语文教育深化改革的有力支点，因其高度的整合性和实践性，在新时代语文教育改革中践行大单元教学具有独特优势。在立德树人教育根本任务的统领下，大单元教学设计顺应

新课程标准、新教材的要求，以学科核心素养的培养为教学目标，通过大情境、大任务的引领，设计相关的问题和任务，安排适切的学生活动，在以学生为中心的教学中，学生在解决问题的过程中习得知识、锻炼思维、形成社会责任。

（二）弥补传统教学存在的不足

目前以教师为中心的教学模式仍是主流，存在诸多问题。在教学过程中，单元学习设置随意，各专题之间缺乏联系、不讲学理，教学设计内容散乱，缺乏核心概念。活动设计多重形式，满足于热闹，缺乏支架功效，致使教学过程无序且不推进。课堂活动表面上有学生积极的参与，实际却是漫无目的地展开教学。

高中语文大单元教学设计的研究在进一步调查研究的基础上展开改革，语文教师设计和组织各种活动注重师生间的配合度，教学过程需要根据课程标准新要求对教材自然单元学习内容进行重组、补充和拓展，引导学生发现所学知识局部与整体、局部与局部、整体与外部环境之间的有机联系，产生连贯且有重点生成性学习，并尝试初步建构系统思维意识，其课堂教学过程具有整体性、动态性和目的性。在此前提下，嵌入过程评价和结果评价，落实学习知识、形成技能和发展思维的综合目标，能激发学生对单元学习的探究兴趣和体现学科育人价值。

（三）落实核心素养为本的教育教学

语文教学始终围绕提升学生的语言运用能力和逻辑思维能力展开，同时积极培养学生的社会文化审美、鉴赏和创新能力，以此弘扬中华民族优良传统和优秀传统文化。语文课程不仅是口头上的宣传，也不仅是学术理念、课程目标和方法，而是要将其与学生特性相结合，在教育教学实践中运用语言进行操作。从理论层面来看，语文基本素质在课程目标的制定中具有指导性和决定性作用，是有效制定课程目标的基础和依据。

大单元教学设计始终围绕学习任务，设计让学生自主解决问题的活动，促进学生面向未来的学科核心素养的发展。这一点不仅体现在大单元教学注重学生基础知识的掌握和巩固，更为重要的是培养学生对语文学科的热爱之情，改进自身学习的方式和方法，促进学生语文学习能力的不断发展和优化。

总的来说，培养学生的语文学科核心素养，需要教师转变传统的教学设计方式，采取大单元教学，重新组织学习内容，以单元方式推进整体教学。通过改善教师的教与学生的学，让学生通过自主探究，不断优化现有的教学方式和方法，形成语文核心素养，最终落实核心素养培育。

第三节　指向核心素养的高中语文大单元教学设计策略

教学设计策略实质上是教师为了完成教学任务而采取的一系列可以实施并具有弹性的活动。针对当前高中语文大单元教学设计中出现的问题，笔者以语文核心素养为导向，结合大单元教学理念，分别从设计依据、原则和步骤三个维度阐述大单元教学设计实施的具体策略。

一、大单元教学设计的依据

（一）依据新课程标准

《普通高中语文课程标准（2017年版2020年修订）》作为教学的纲领性文件，强调语文课程要坚持“立德树人”的基本理念，以核心素养为本，推动学生语文学习方式的全面变革，逐步推进课程教学深层次改革。这充分说明要进一步改革语文教学目标和内容，既要关注知识的运用，又要重视课程对学生内在的提升，让学生在不断体验的过程中学习语文知识，逐步实现各种要素的综合与内化，形成当代社会所需要的品质和面貌。同时，对于课程目标、结构和内容以及教学评价也都有全面仔细的解读，这些都应当成为教师进行教学设计的必要依据[①]。

大单元教学要以课程标准为依据进行教学设计才能加强内容的针对性，更好地培养学生核心能力，做到有的放矢。教师在对学科知识进行重新整理的基础上，围绕单元教学目标、情境设置教学任务与活动，引导学生主动参与到教学活动中来，完成语文教学由知识本位向学生发展本位的转变。

（二）依据新教材

统编版高中语文教材在吸收以往课程改革成功经验的基础上，把握课程教材编写的基本规律，创造性地提出新理念，并且借鉴了国际母语教育的新思想。教材内容编写方面最大的特色就是采用灵活多样的单元结构体例，以人文主题和学习任务群两条线索组织单元。具体来说包括以下两个方面：

第一，通过“人文主题+核心素养”的双线组织方法来编写教材内容，各个单元既涵盖人文主题，又囊括语文要素，是真正提高高中学生语文核心素养的重要载体。人文主题的设计主要一般集中在“理想信念”“文化自信”和“责任担当”三个方面，充分考虑新时期高中生人格和精神发展的基本要求，因此各个单元的人文主题设计都会突出其中某一方面。

第二，以结构化方式编排内容。在形成“人文主题”教育体系的基础上，以“学习任务群”为线索统筹规划单元内容。教材每个单元均有设计一些指向语文核心素养的学习任务，以确保语文工具性的发挥。

例如必修上册第二单元以“劳动”为主题，共有《喜看稻菽千重浪——记首届国家最高科技奖获得者袁隆平》《心有一团火，温暖众人心》《“探界者”钟扬》《以工匠精神雕琢时代品质》《芣苢》《插秧歌》6篇文章。导语分别从形成劳动观的意义、单元文本内涵以及教学目标三个方面进行

①廖妍．核心素养下高中语文大单元教学设计优化策略[J]．文学教育(下)，2023(09)：179-181.

阐述，并指出学生要在学习过程中树立正确的劳动观念、把握人物精神和提升媒介素养等要求，学习提示从通讯报道、议论性文章和诗的不同特点出发，给予学生相应的学习建议。单元学习任务强调“劳动”主题，设置课文和新闻作品的群文阅读引领学生从不同层面思考、探究和交流，并以写作“熟悉的劳动者”巩固教学效果，有利于发展学生的核心素养。

（三）依据学情

大单元教学的基本思路初步形成后，在开展具体教学活动之前，仍然需要对学生的实际学习情况进行考量。“学情”指的是一切与学生学习活动有关的情况，既包括学生心理方面的内容，又包括学生知识的储备量。通过对学生学习过程中经常出现的问题仔细分析，有助于教师完成对应的教学任务，从而更好地进行单元活动情况的评价。当教师全面了解学生的实际情况以后，明确认识到当前学生学习中存在的难点问题，更加准确地设计教学中的重难点，以便适时调整课堂教学内容。

高中生的年龄一般在15~18周岁之间，这一年龄阶段是个体发展过程中的关键阶段。他们的认知技能主要体现在概括能力、掌握完整记忆力和形成理论性抽象思维能力三个维度。按照皮亚杰的认知发展学说，高中阶段的学生还处于形式运算阶段，这时期的学生思维是以命题的方式展开的。他们能够依据逻辑推理、归纳或演绎的方式来解决问题；能够理解符号的含义、隐喻和直喻等，并加以概括总结。而教师也可以针对高中时期他们的身体发展特征和已经学会的基础知识设置教学。在课堂教学中，教师要了解学生现在的知识水平，合理挖掘其潜力，注意在实践活动中运用最近发展区理论知识。

综上所述，教师在厘清课程标准的要求、研读相关教材的逻辑与结构内容、分析学生的认知水平的基础上，利用课前时间充分准备，从而为大单元教学设计做好充分准备。

二、大单元教学设计的原则

（一）整体性系统化原则

整体性学习是适应当下教学发展的需要、完成时代和社会对学科知识的要求的一种学习方式。当下教师树立整体性教学思想，并以此为自己行动的指南，才能够自觉剔除传统教学思维方式的惯性，改善自己的教学过程，形成具有时代特色的教学新途径。

大单元教学设计从宏观上把握单元教学的教学目标，合理安排教学内容，而不是按照单篇教学进行设计。这就要求教师在充分学习课程标准、统编版高中教材以及了解学生学情的基础上，从大单元设计中要对教学目标、内容以及教学评价和反思等多个环节作出整体性规划，实现教学内容的有效整合。

（二）学生主动学习原则

为解决大单元教学过程中教师与学生之间的关系，需要让学生在自主学习的过程中发现教学存在的问题，不仅可以帮助学生灵活快速地掌握知识内容，而且有助于改变以往课堂教学活动中教师主导的活动，实现教师主导与学生主体的有机结合，有助于学生提高搜集与处理信息的能力，获取相应知识的能力以及分析解决问题的能力。

大单元教学凭借情境创设、问题引领、任务驱动，引导学生在解决问题、完成任务的过程中掌握相关基础知识，获得学习策略，提高自主学习能力。大单元教学要坚持以学生为本，考虑学生在学习完大单元教学内容后相应思维的发展、知识的掌握和核心素养的发展情况。同时，在设计大单元教学过程时要保证学生的课堂参与性，促使学生真正成为教学主体，引导学生多思考、多回答、多合作并给予赞扬来保证他们的学习热情。

（三）循序渐进原则

将循序渐进原则运用于大单元教学设计，是在教材单元的基础上，遵循学生的认知规律和学科知识的内在逻辑，改进了教材的编排内容，按照逐步叠加的步骤或程序推进或者提高学生的学习水平，有助于学生完整的学习思维的发展与提升，促成学生认知的整体结构意识和序列意识形成和完善。以大单元为单位制定教学计划和教学进度，能够促进教学相长，大单元教学不会以课堂教学时间的结束作为单元内容的结尾，而是通过教师按照思维进阶的方式设计单元教学内容，设计一套由简单到复杂的完整教学过程，引导学生在一个单元内容的学习活动中积极主动获取教学知识，在此基础上实现知识的迁移与运用。这样一来，教师对于教学及教材有了比较整体的把握，不至于因为教学进度没有完成而产生困扰，这也符合了语文教育教学长期性的需要，要求教师树立以注重过程性和育人目标为主要评价标准的大单元教学意识。

（四）教学评一体原则

教学评一体指向的是有效的课堂教学环节。在具体教学过程中，教师将教学与评价进行有机整合，重视开展学生学习的日常教学评价活动，不断促进学生自主性学习，把评价作为教学的工具，使得学生的学习行为与教学评价活动融为一体，使得语文评价活动不再偏离教学内容，紧密结合在教师和学生整体性的教学活动之中。

在设计大单元教学流程时，教师要创设情境，提前准备好与之相匹配的设备来助力学生学习活动的完成。在此基础上，设计评估学生学习过程的质量表以及指向教学目标、语文核心素养的终结性评价试卷，观察并收集能够提示学生学习效果的证据，了解学生真正掌握了什么，教学结果和预期设计还存在哪些差距，及时调整教学活动。由此可见，将教、学、评相结合进行大单元教学才是指向学科核心素养的有效课堂教学。

三、大单元教学设计的步骤

（一）结合各方内容，明确教学目标

威金斯、麦克泰格指出“教师在思考如何开展教与学活动之前，先要努力思考此类学习要达到的目的到底是什么，以及哪些证据能够表明

学习达到了目的。关注预期学习结果，这样才有可能产生适合的教学行为”。与以往“知识与能力”“过程与方法”“情感态度与价值观”三维目标设计不同，大单元教学目标设计注重教学目标的整体性和结构化，避免了教学过程死板、学科核心素养缺失等现象。统编版本的高中语文课本，每单元都承载了多重教育目标。这些目标之间，有的联系较为密切，有的联系较为松散。

大单元教学目标的确立，要将从语言建构与运用、思维发展与提升、审美鉴赏与创造、文化传承与理解四个方面的语文核心素养渗透单元整体、单元目标之中。因此，教师要综合衡量课程标准、学生实际情况、教材文本等多方面内容，并尽力寻找各方内容间的有机联系，尤其是彰显人文价值的目标和工具价值的目标间的联系，尽量多地罗列出重点知识的内涵，并在此基础上认真分析，以培养核心能力。在课堂中通过引领学生学习基础知识、深入研究文本进而提高语言建构能力，通过大量的创意活动推动学生思维发展，通过广泛阅读丰富学生知识储备量从而提升审美鉴赏能力，将知识进行内化后实现知识的再创新，使单元教学目标更加集中，内容更加聚焦。通过统领单元的情境、任务等设计，更为流畅自然地实现单元的多重教育价值。

（二）创设真实情境，整合教学内容

真实情境是学生大单元学习活动的真正载体，贯穿于整个教学过程。建构主义学派认为，学习者应基于自己的独特生活经验去主动建构自己的知识，对知识的理解是通过与环境的互动发生的，学习者的认知脱离不了情境。“所谓‘情境’，指的是课堂教学内容涉及的语境。所谓‘真实’指的是这种语境对学生而言是真实的，是他们在继续学习和今后生活中能够遇到的，也就是能引起他们联想，启发他们往下思考，从而在这个思考过程中获得需要的方法，积累必要的资源，丰富语言文字运用的经验。”

教师在情境创设时，需要以统编版教材知识体系为依据，改进教学内容编排方式，通过仔细设计的大单元能有效唤起学生的相关生活经验，使学生学习不再局限于教材中的文字知识，激发学生参与学习的热情，课程标准指出语文实践活动情境包括个人体验情境、社会生活情境和学科认知情境，情境设计便可围绕这三个方面展开。

1.个人体验情境

“个人体验情境”是指学生自主开展的语文学习实践活动，往往以学生的个人现有经验为出发点，寻找教学内容与个人体验之间的契合点，作为学生已有体验的延续，有助于激发学生的共情能力和学习兴趣。例如必修下册第六单元《祝福》《林教头风雪山神庙》《装在套子里的人》《促织》和《变形记》6篇课文，情境设置为体验不同的职业角色，品人情世态。学生通过体验演员、医生、侦探和作家四个不同的角色，实际教学过程，围绕四个任务需要设计一系列方便学生参加的学习活动。学生在角色扮演的过程中，感受不同作品所表现出来的社会批判性，这一情境是任务设计的前提，应当存在于整个单元的教学活动过程中。

2.社会生活情境

“社会生活情境”是指学生在实际生活环境中开展的语文学习活动。情境创设从学生已有经验出发，以当下热点话题为切入口，有助于建立学生与单元课文之间的联系。例如必修上册第六单元以“学习”为话题，共有《劝学》《师说》《反对党八股（节选）》《拿来主义》《读书：目的和前提》《上图书馆》6篇课文，创设情境为“躺平还是内卷”。学生结合课文内容，以辩论赛的形式进行3次讨论，从而掌握正确的学习之道。

3.学科认知情境

学科认知情境是研究语文学科本体相关的问题，并在这一过程中提高相应的认知水平。情境创设时以学生为中心，结合学科知识创设情境，以此为切入点进行内容学习。例如必修下册第三单元共有《窦娥冤》《雷雨》《哈姆莱特》3部戏剧，情境设置为“戏剧台词我来讲”。学生通过对戏剧台词的研究，深入探寻戏剧的秘密，感受戏剧文本的魅力。

综上所述，情境作为大单元教学起点，必须真实且有意义，学生只有在真实情境中应用和理解知识，才有助于发展学生核心素养，不断提升学生的关键能力、必备品格与价值观念。学生的语文素养必须在这种真实而结构复杂的情境中，在运用所学的知识和技能去分析、解释、解决问题的过程中逐渐形成。

（三）设置任务活动，完善教学过程

任务以实际真实情境中的问题解决为核心，具有更高的思维含量和更大的挑战性。任务驱动下的大单元教学不仅改变了课堂教学过程中经常出现的碎片化、浅表化的现象，更有助于学生有目标和计划地完成知识的学习。统编高中语文教材特别注重学习任务的设计与安排，以必修课本为例，每个单元最后一部分是相应的学习任务实施，课文结束后还有针对单篇文章的学习提示。因此，教师在开展教学任务之前，要将教学设计的重难点放在教学任务的设计上。通过学习任务带动大单元学习活动的落实。核心任务是单元的大任务，对核心任务的设计要建立在教师对单元课文内容熟悉之后，通过不同的子任务设计落实这个核心任务。从核心任务到子任务，构成延伸扩展的任务链条，对单元学习内容进行逐层解构，降低了单元整体教学任务实施难度，为学生开展自主性探究活动提供台阶与支点。

活动是任务完成的路径，活动的设计应体现内容整合性和效果延续性。王宁教授指出：“新课标所说的‘活动’指的是语文学习活动，也就是‘阅读与鉴赏’‘表达与交流’‘梳理与探究’三件事。”在大单元教学设计中，教师应当围绕任务设计多项教学活动，充分调动学生学习的积极性，让学生在活动中实现探究性学习，有助于学生从多个角度理解教学内容。

例如必修上册第一单元“青春”，核心任务是从“青春的价值”角度思考文章的内涵。围绕这一核心任务，单元学习任务共设计了四个子任务：一是学生之间互相讨论“青春的价值”；二是从“意象”和“诗歌语言”角度出发，思考分析欣赏诗歌的方法；三是分析《百合花》或者《哦，香雪》中人物心理活动以及其中的细节描写；四是自由发挥写一首诗作，主要记录自己的青春时光，给未来留下宝贵的记忆。根据学习任务可以设置小组交流会、诗歌朗诵比赛、现场模拟人物和征文比赛等多样活动，从而完成本单元学习任务。

总之，任务和活动的完成离不开教学实践。教师需要找到不同任务活动之间的逻辑联系，教学过程过渡自然、教学内容充实、环节设置清晰，正确处理好单元整体与单篇文本间的内在联系，注重合理分配课时内容，突出单元教学重难点。

（四）设计评价内容，提升学生素养

好的教学评价应当将目标聚焦在学生课堂问题讨论、资料收集以及学习成果展示等过程中。在语文课程学习中，教师应当关注学生对待单元知识的态度和所使用的学习方法，采用合适的评价性语言对学生学习的表现进行赏识教育，满足学生对知识的渴望，有助于学生自信心的提高。大单元教学设计要提升学生的核心素养，实现不同学习者的发展，这就需要教师把评价活动贯穿到整个单元教学中。通过不同的评价方式，设定评价内容和等级，有效支持与促进语文课堂教育教学的改进，真正达到教、学、评的一致。一般来说，可以从以下诊断性评价、形成性评价和终结性评价等几个评价方式来展开。

1.诊断性评价

诊断性评价是指在教学活动开始前，对学生学习的真实水平和知识储备情况作出判断，以便教师采取与之相匹配的教学计划，从而保证教学活动能够实施的测评性活动。诊断性评价的实施一般在课堂教学活动开始之前，教师通过对学生真实水平分析，在明确单元教学主题和目标

基础上，分析单元内容包含要点和其中的层次关系，有助于安排教学内容，实现教学效果最优化。

2.形成性评价

形成性评价是指在教学过程中，教师为完善教学活动，确保教学目标完全实现而展开的学生学习成果性评价。教师通过对情境内容参与度、任务活动完成情况分析，及时分析评价结果，与学生一起巩固教学内容，不断改进和完善教学过程。

3.终结性评价

终结性评价就是教师对课堂教学的达成结果展开的评价，指的是在整体教学活动结束后为判断其效果而进行的评价，主要是对学生这一阶段的学习水平得出结论性评价。教师通过对大单元教学设计的整体完成情况和效果设想，合理设计作业和单元测试，检验学生学习情况，弥补教学不足。

（五）回顾整体设计，展开教学反思

教师通过对整个单元教学进行思考与分析，发现课堂教学中存在的问题，有助于教学过程的完善，从而提高教师教学质量。为此，教师应针对自己的教学实践从教学目标设定、教学过程以及评价方式等多个维度展开反思。例如课堂整体教学中师生互动是否和谐、教学目标是否有效落实、任务活动的实施情况、教学评价是否合理以及能否充分调动学生学习积极性等。通过反思以上问题，思考教学过程中存在的优缺点，发扬优点，改正存在的问题。

依据大单元教学设计的内容，结合课程标准中评价建议以及相关专家学者的文献，当前大单元教学反思可以从以下内容展开。第一，教学设计反思中，教师要明确课堂内容安排的合理性；教学侧重点是否把握准确；教学目标是否合理并完成；教学方法是否多样并符合学生实际情况；教学流程是否紧凑完整；是否在教学设计上注重学生核心素养的培育。第二，教学过程反思中，教师要明确自身的言语和行为得体；教学用具、PPT演示是否规范并合理；设计的任务活动能否引发学生对课文内容的思考；是否表扬学生课堂学习中的优点，对出现的问题是否有效解决；面对突发问题是否运用教学机制让其得到快速解决等。第三，教师要对学生课堂教学活动中的参与程度展开反思，不仅有助于全面了解学生特点，还能帮助教学设计的改良；教师也要对终结性评价单元考卷内容的选择与设计进行反思，明确终结性评价试题的难易程度等。

总而言之，高中语文大单元教学设计策略改变传统单元整合仅仅注重内容整合的方法，坚持教学内容设计与学习行为设计的统一，以学生学习活动的设计为主要线索，牵动整个单元教学内容。因此，在教学设计过程中，教师需要以核心素养为导向，依据课程标准内容，统筹考虑教材结构内容与实际学情，按照教学目标、情境任务以及评价反思展开设计，注重体现学习生活、学生兴趣和过程操作，不断提升学生的核心能力。

第四章　核心素养视域下高中语文群文阅读教学

第一节　高中语文古诗词群文阅读教学基本策略

中小学是学生学习阅读知识和阅读策略的重要阶段，而我国传统阅读教学大多采用单篇阅读教学法，古诗词教学也不例外。教师习惯于从知人论世开始介绍作者，到整体感知，再到精读鉴赏，最后总结课堂，千篇一律的教学方式使得课堂讲解显得枯燥乏味，再加上古典诗词学习难度的增加，大大降低了中学生学习古典诗词的兴趣。古人云“腹有诗书气自华”，说明了学习古诗词会对一个人产生由内而外的影响。因此，教师不仅要教学生读诗，更要让学生爱诗，学生只有对古典诗词产生浓厚的兴趣，才会去自主学习和阅读，进而养成终身学习的习惯。为此，作为教师，要不断地反思、探索，改进教学方法①。

我国现阶段语文教材大多是文选型，教材中出现的古诗词都是经过严格筛选出来的。教师在教授古诗词的时候，不仅要精心讲解，而且还要不断扩充课外优秀的古诗词，扩大学生的阅读面。近几年，随着新课改的进行，教育家们不断提出许多新的阅读教学理念和教学方法。群文

①曹秀云.群文阅读视域下高中语文古诗词教学策略研究[J].语文教学通讯·D刊(学术刊),2023(10):8-10.

阅读教学法则是其中被广大教师较为认可的一种阅读教学法。群文阅读教学，一节课让学生同时学习几篇课文，让学生有大量的时间去阅读、去思考。学生之间相互交流阅读想法，既能锻炼学生的思维能力，又能扩大学生的阅读面，提升阅读的速度。在查阅相关资料之后，笔者认为，中国古诗词的教学亦可尝试使用群文阅读教学的方法，将古诗词群文阅读教学作为单篇古诗词教学的一种有益补充。

一、教师层面的群文阅读教学策略

教师是教学活动能否顺利进行的核心人物，是课堂教学中的指导者、引领者。群文阅读教学的开展，需要教师更加突出其在课堂教学中的主导作用，只有这样，才能为“群文”的课堂确定一条可行的道路。

（一）统整教材，确定议题

议题是能否进行合理选文的关键，同时也是选文特点的体现。如果教师没有花费较多的时间在研究议题上面，而是随便得出一个议题就进行一组文章的结合，那么群文阅读就只是“一群”文章的简单组合，不会达到学生对“群文”的整体感知。如果不把议题当作我们群文阅读的向心力、凝聚力，那么所形成的“群文”课堂就没有讨论的核心，师生间更不可能达到“群文阅读”所要求的共识。那么，教师应该怎样确定一组“群文”的议题呢？笔者认为，教师首先要有一个统整的教材观，所谓统整的教材观，就是对一个学段需要学习的课文有一个整体的认识。高中教材编写者在编写教材的过程中是有一定的群文意识的，因此在进行群文阅读教学时，统整教材可以帮助教师很快地确定议题。

例如，人教版高中语文必修一到必修五教材中古诗文的分布情况，如表4-1所示。

表4-1　高中语文必修一到必修五教材中古诗文的分布情况

	篇　目
必修一	4.《烛之武退秦师》——《左传》 5.《荆轲刺秦王》——《战国策》 6.《鸿门宴》司马迁
必修二	4.《诗经》两首 5.《离骚》屈原 6.《孔雀东南飞》并序 7.诗三首:《涉江采芙蓉》古诗十九首《短歌行》曹操《归园田居(其一)》陶渊明 8.《兰亭集序》王羲之 9.《赤壁赋》苏轼 10.《游褒禅山记》王安石
必修三	4.《蜀道难》李白 5.杜甫诗三首:《秋兴八首(其一)》《咏怀古迹(其三)》《登高》 6.《琵琶行并序》白居易 7.李商隐诗两首:《锦瑟》《马嵬(其二)》 8.《寡人之于国也》——《孟子》 9.《劝学》——《荀子》 10.《过秦论》贾谊 11.《师说》韩愈
必修四	4.柳永词两首:《望海潮(东南形胜)》《雨霖铃(寒蝉凄切)》 5.苏轼词两首:《念奴娇·赤壁怀古》《定风波(莫听穿林打叶声)》 6.辛弃疾词两首:《水龙吟·登建康赏心亭》《永遇乐·京口北固亭怀古》 7.李清照词两首:《醉花阴(薄雾浓云愁永昼)》《声声慢(寻寻觅觅)》 11.《廉颇蔺相如列传》司马迁 12.《苏武传》班固 13.《张衡传》范晔
必修五	4.《归去来兮辞(并序)》陶渊明 5.《滕王阁》王勃 6.《逍遥游》庄周 7.《陈情表》李密

从以上高中必修中的古诗文分布情况来看，教师要为高中古诗词进行“群文阅读”议题的确定，可以从以下三个方面进行。

第一，从“作者”的角度出发。以“作者”为议题的方向进行组文，是一种较为简单且实用的思路。不同的作家在不同的人生阶段上的作品风格特点可能不一样，思想状态也是不一样的。

因此，以“作者”为群文的议题方向可以让学生更加了解一个多方面的文人形象。例如，从人教版高中语文必修三开始，编者在编写教材时有意识地将同一个作者的几首作品放在一起进行编排，这是让学生了解一个作者的一种重要方式。比如，柳永词两首、李清照词两首等。

第二，从作品的内容角度确定议题。作品内容是诗文主题思想的表现，是高中古诗词学习的一个重要知识点，也是学生对优秀传统文化积累的基础。从作品的内容角度去确定议题，这样不仅增加了学生对作品认识的深度，而且扩展了他们对这类作品认识的广度，从而触类旁通、举一反三。议题的选择主要是根据课堂目标来定的。如果是想研究某个诗人的写作风格，那就以这个诗人为议题，选取这个诗人的多篇作品进行联合讲解，这样这个诗人在学生的心里是鲜活的、有血有肉的，学生了解了一个诗人的方方面面，下次遇到同一个诗人的作品，自然就不足为虑了；如果想研究诗歌的某个写作手法，那就以这个写作手法为议题，选取运用这种写作手法的作品进行联合讲解，下次学生遇到运用了这个手法的新诗词，一眼看穿也不是难事。除此之外，还可以将“题材”“体裁”“时代”“意象”等作为议题。总之，议题的选择反映的是课堂的重点或者知识目标。

例如，人教版高中语文必修四对宋词的学习主要以柳永、苏轼、辛弃疾、李清照4位词人的词为学习材料。从词作的内容来看，这4位词人分别是豪放派和婉约派的代表。群文阅读教学是单篇阅读教学的补充而不是取代，教者还不能以教材中的所有作品直接进行一个群文教学。比如，如果将课本中4位词人作品直接作为豪放派、婉约派代表作品进行一组群文教学，这是不妥当的。对于教材中指定的重点篇目，还是需要教师进行精读和精讲的。那么，该如何进行群文阅读？教师应该在进行单篇的课文教学后，从作品的内容角度再去选取相同类型的作品进行群文阅读。在学习了宋词几位代表作家的作品之后，学生对宋词的两个流派——豪放派、婉约派有了一定的认知。因此，为了使学生更好地理解这两个流派的创作风格，教师以此作为“群文”的议题方向，进行一个拓展的研究。对于高中学生来说，他们不仅需要教师教给他们精读、细读诗文的办法，这是学习的基础，同样也需要更加宽广的阅读面和阅读深度。

再如，以“‘不一样的明月星辰’——看豪放派和婉约派的不同风格”为群文的议题进行以下选文：陆游的《诉衷情》、岳飞的《满江红》、李煜的《浪淘沙》、秦观的《鹊桥仙》和晏殊的《浣溪沙》。宋词的豪放派不仅仅是苏轼和辛弃疾两位代表人物，婉约派也是如此。以上几首作品再进行一组群文阅读，通过学生自主学习，课堂上的合作交流，他们可以为豪放派与婉约派的词作找到创作风格上的不同。豪放派的意象多是名胜古迹、金戈铁马等描写，而婉约派题材较为单一，都是风花雪月、才子佳人的叙述等。通过更多作品的对比阅读，学生对宋朝两种词作流派有了一定的了解，这也为他们将来的高考打下坚实的基础。

又如，选择“杜甫”作为议题的话，那么我们可以将杜甫的生平分为不同的时期，根据他的经历讲解他当时创作的诗歌。

杜甫一生可以分为四个阶段：

第一阶段是读书壮游时期。从开元十九年至天宝三年（公元731年到744年），杜甫先后进行了三次游历。在此期间，唐朝还是一片歌舞升平，作者的诗歌也是朝气蓬勃、壮志凌云。代表作有《望岳》。

第二阶段是困守长安时期。天宝五年至天宝十四年（公元746年到755年），杜甫经历了科举落第、到处投诗干谒却不见成效的日子，最后只获得一个八品小官的职位，生活穷困潦倒，尝尽世态炎凉。这个时期，他的作品充满着对朝廷腐朽、世态炎凉的深刻认识。同时，作者开始关注百姓的苦难生活，作品中充满对百姓的同情与关切。代表作有《兵车行》。

第三阶段是陷贼与为官时期。天宝十四载，安史之乱爆发，长安沦陷，作者在逃离途中被叛军捉回长安。回到长安，作者看到萧条的长安城，写下了著名的《春望》。公元757年，杜甫冒死逃离长安，被肃宗授予左拾遗的官职。随后被贬华州，宣告其政治理想的破灭。这一时期的杜甫诗歌，饱含沧桑及对山河破碎、百姓生活处于水深火热的忧虑，沉郁顿挫的诗风愈加明显。代表作有《春望》《三吏》《三别》。

第四阶段是漂泊西南时期。政治理想的破灭、生活辗转流离，最终病卒于潭州前往岳阳的小舟上。这一时期的杜甫饱尝病痛折磨与飘零之苦，也看尽了百姓的艰难，诗风也更加苍老沉郁。代表作有《茅屋为秋风所破歌》《闻官军收河南河北》等脍炙人口的作品。

如果这样设计教学的话，那么学生就能够对杜甫有一个全面而立体的了解，他在学生的脑海里会变成一个活生生的形象，而不再只是一个名字或者一个刻板的印象。

第三，从“研讨与练习”进行议题拓展。语文教科书不同于一般的选本，教科书中的文章都是经过挑选的，具有健康的思想内容、规范的语言文字，符合教学要求的，并且利于教师的教和学生的学。研究者将课本后的“研讨与练习”作为教学的“导读系统”，因此“研讨与练习”的问题设计可以帮助学生更好地理解和探讨文本。统观人教版高中语文教材，古诗文课后的“研讨与练习”也可以作为“群文阅读”议题的确定方向。

例如，在人教版高中语文必修四的苏轼词两首后的研讨与练习四中，这两首词和以前学过的《赤壁赋》都作于苏轼被贬黄州期间，试将这3篇作品比较下，看看它们在表达思想感情方面有什么异同。教师可以由此形成一组文章进行“群文”教学，将《赤壁赋》《定风波》《念奴娇·赤壁怀古》进行群文教学，不仅可以使学生通过对比阅读，更加深入地理解苏轼被贬黄州后的心情，也能更加准确地总结出作者表达情感的方式。

（二）集思广益，选择文本

选文环节是教师进行群文阅读教学备课过程中一个十分重要的环节，

也是进行群文课堂的最基本条件。议题之所以有存在的意义，是因为群文的支撑，选文为议题提供可以探讨的素材。选文要丰富、有深度，而且能够贴切议题，群文阅读的课堂才能得以顺利进行。这需要教师有一定鉴赏文本的能力，而且能够集结一切可用的力量。

首先，选择的文章要全面。比如，我们选择以某个诗人为议题，那么文章就要覆盖作者不同人生阶段的作品，或者不同题材的作品。例如，苏轼，他一生仕途坎坷、几起几落，那么我们选择的诗歌就需要包含他在不同贬谪或拔擢时期的作品，了解当时作者的思想及情感状态。再如，我们选择“爱情诗”，纯粹表达爱意的、热恋的、生离的、死别的等不同的爱情诗，我们都要兼顾。当然，我们也可以做一些变通，如将两件相似的爱情悲剧放在一起进行比较，然后分析悲剧产生的根源。

其次，选择的文章要有质量。我们所处的是一个信息爆炸的时代，学生每天能够接触到的文字类的文本非常多，然而一旦学生的审美被这些低质量的网络文本主宰，那么他们的审美观就很难提高。因此，教师在课堂上选择的文本就必须有较高的质量，教导学生到底什么才是美。学生潜意识里认为课堂上学的文章都是文学价值高的，即使他们并不喜欢，也会潜意识觉得课堂上选用的文本是文学的代表作。如果教师在课堂上使用的文本质量低，必然会给学生审美观的形成造成极大的负面影响。

例如，在讲解《孔雀东南飞》的时候，教师可以补充唐婉和陆游的例子，以及他们共同作的《钗头凤》。这首《钗头凤》也是极具审美性的，由于是爱情故事，所以能吸引学生的兴趣。而同为爱情悲剧，焦、刘的悲剧与唐、陆二人的悲剧情节也是惊人的相似，时间相隔将近千年，相似的悲剧千年之后又出现了，这并不是偶然事件。教师可以趁机给学生讲解古代的礼制，分析这些悲剧产生的根源，从而使得学生对于古人的处境有更正确的认识。由于现在的学生被很多粗制滥造的电视剧误导，尤其是一些古装剧，因此学生很可能对古人产生一些误解。同时，由于时代的差异造成的思想差异，使得学生更难理解古人的处境和做法。比如，郭初阳老师所上的《愚公移山》，有一部分学生认为愚公不应该蛮横地决定其子孙后代的人生。这些都导致古诗词甚至传统文化日渐式微。因此，只有换位思考，我们才能明白别人的一些选择，才能对一些作品感同身受。

再如，在对“苏轼的明月情怀”议题进行群文教学时，在选文上就需要教师拥有甄选文选的能力。苏轼作品中写“月”的诗文有很多，如《中秋月》《水调歌头》《卜算子》《江月五首》《西江月》《江城子》《永遇乐》《春宵》《念奴娇·赤壁怀古》《赤壁赋》《醉落魄·离京口作》《六月二十日夜渡海》等，如何从众多的诗文中选取4~5篇进行一组群文结合，这需要教师集思广益进行众多诗文的解读和排除。笔者最终选择《永遇乐》《醉落魄·离京口作》《赤壁赋》《六月二十日夜渡海》《西江月·照野弥弥浅浪》5首进行教学，是因为这些选文之间有一定的关联性。《永遇乐》《醉落魄·离京口作》都是以一轮明月抒发对家乡、对友人的向往和怀念；《六月二十日夜渡海》《西江月·照野弥弥浅浪》中，苏轼以“月”向我们描绘了一个他创造的美不胜收的意境，还展现了他豁达的心态与独到、睿智的眼光和“万古长空，一朝风月”的人生境界；《赤壁赋》则以“水”“月”阐明人类不用羡慕无穷和明月的永不增减，也用不着哀叹人生的短促的哲理。通过教师的这些选文，学生在自主阅读过程中就可以总结出苏轼“月”下的三种情怀，从而更加深入地理解苏词的内涵，进一步提升他们鉴赏古诗词的能力。

（三）合作探究，构建集体课堂

群文阅读倡导学生的课堂。建构主义理论阐述的是知识和学习关系的理论，强调学习者学习的主动性，认为学习过程是学生在原有的知识经验上，经过后天的学习，再一次生成意义和新的知识建构的过程，而这一过程是在社会文化互动中完成的。在高中古诗文教学中，教师虽然也使用“以学定教”的教学方法，但是在实际的教学过程中，教师更多的是讲解字词、梳理文意，以教师的“教”为主，学生的“自主”学习仅仅体现于课前的字词理解和简单翻译，因而没有真正达到学生“集体建构”的过程。课堂应该是学生的课堂。群文阅读的教学是真正将课堂还给学生的。群文阅读的教学设计不同于单篇阅读的教学设计，单篇阅读的教学设计虽然也常以问答的方式引导学生进行文本探究，但是这样的“问答”仅在于一篇文章中，学生的答案似乎“走不出”“这一篇”了，而群文阅读教学设计中的问题设计是“一群文”中的某一篇，那么学生的思维就不是仅限于单篇的阅读了，学生的思维会更加开放。

案例：

1.同学们，大家读了这几首诗歌，认为它们有什么特征？

2.这组诗歌都是写戍卒对于战争的感受和对家乡的思念。我们不要每一首都跟大家一一说明，每一个小组选择一首，说说你所选的诗歌中戍卒描写了战争的什么？他们有什么感受？

3.同学们已经选择好诗歌，下面完成表格4–2的内容。

表4–2　合作探究教学案例

	他们眼中的战争	他们心中的情感	诗歌主题
王昌龄《从军行》			
卢思道《从军行》			
《诗经•采薇》			
《十五从军征》			

4.变形解读：品味“思乡”之伤。

（小组合作完成对“思乡”的品读，每个小组依次展示品读成果）

小组1：我们小组解答的是卢思道的《从军行》，诗歌中的前部分描写的是将士们在战场上拼尽全力、英勇奋战，虽然北方的烽火不断，生活处于紧张状态，但是他们却仍然英勇杀敌，正是这些战士的奋战才能取得战争的胜利。但是这样的战事持续的时间太久了，他们不能与家里的妻子、父母见面，而且心里也不敢有所归盼，只能对这塞北望眼欲穿。

5.请同学们将4首诗结合起来再来朗读，按照老师所给表格的顺序，说说你有什么发现。

在以上的教学设计中，笔者开展与运用了小组合作学习形式，让所有的学生参与到“群文”作品的解读中来。在课堂的合作过程中，笔者给学生充分的自由来展现他们对问题的思考和学习的成果，并且注重对学生成果的归纳和总结。而作为小组合作学习的最终阶段，小组合作成效展示则充分体现了学生在这个阅读过程中的成果。在小组合作成效展示的过程中，教师要给予学生充分的自由来展示自己的学习成果，这个过程中，教师对内向型的学生加以鼓励和引导，让每个人在小组合作学习的过程中大胆地展示自己。教师还要注重对所有展示成果的归纳与总结，最后教师还要对课堂进行一定的教学反思，分析学生课堂中的表现，教师教学的优势与不足，并且不断整改自己的课堂架构，从而真正做到将课堂这个舞台还给学生。

（四）模式的选择：方法上的群文补充

模式的选择主要有三种：课内多篇、课外多篇、一篇带多篇。

1.课内多篇

课内多篇，顾名思义，就是将教材里的文章进行排列组合，是对现有教材的一种改进，是将教材内的文本根据所选议题进行重新组合的过程。这是一种既经济又省力的模式。首先，教材里面的文章本身就是经过一些专家学者精心挑选的，文本质量有保障。其次，将教材文章进行重新组合不需要教师另行打印其他文章，节省经费，一些经费不宽裕的学校也可以尝试。最后，教师也不需要重新花费过多的精力去寻找新的文本，节省时间。

比如，在学习《念奴娇·赤壁怀古》时，教师可以设置一个“三国”的议题，将曹操的《短歌行》、苏轼的《念奴娇·赤壁怀古》、杜甫的《蜀相》、杜牧的《赤壁》、辛弃疾的《南乡子·登京口北固亭有怀》放在一起做一个“谁是英雄”的讨论。这样既能加强课文与课文之间的联系，同时又能增加课堂的趣味性，使学生更有参与感。

2.课外多篇

课外多篇，顾名思义，就是教师全部重新选择诗歌来支撑议题。叶圣陶先生说：“教材无非就是一些例子。”既然如此，我们选择其他的例子来学习知识也是一样的。这种模式的好处就是可以支持教师选择一些有创造性的议题。这种模式主要是选择一些阅读策略类的、表达类的、思考类的议题，尽量规避一些宏大的人文类问题。

例如，央视的《中国诗词大会》节目在第二季比赛中增加了“飞花令”的环节。教师可以组织学生进行飞花令的比赛。这样，实际上每一个题目就可以形成一个议题了。比如，我们以“花”为飞花令的题目，那么我们就可以以“花”为议题。教师再从学生回答的答案中选出几首诗词进行群文讲解，可以趁机给学生科普古人的一些诗词游戏。这样一来，学生的积极性将会大大提高。而且自己提供的诗歌被选出来讲解，也能使学生产生一种满足感和自豪感，从而促使学生进行更多的课外诗词阅读，以丰富自己的诗词储备。

3.一篇带多篇

一篇带多篇是指用课内的一篇来引出一组课外的文本。这种模式可以精读教材内的课文，课外课文用来佐证和巩固课堂知识点。这样使得课堂既有深度，又有广度。

比如，我们在学习杜甫的《秋兴八首（其三）》时，可以精读这一首课内诗，而由于这首诗歌的主题咏怀的是王昭君，我们可以做一个“王昭君”的群文阅读。历史上吟咏昭君的诗歌有很多，对昭君出塞的看法也各不相同，我们可以将这首课内诗和刘长卿的《王昭君歌》、胡曾的《咏史诗·汉宫》、刘献廷的《咏王昭君》，以及王昭君自身所作诗歌《五更哀怨曲》一起进行群文设计。杜甫的《秋兴八首（其三）》集中书写昭君的怨恨；而刘长卿的《王昭君歌》感慨昭君自恃美貌，不肯贿赂宫廷画师，结果酿成自身悲剧；胡曾的《咏史诗·汉宫》感叹国力衰弱，保护不了百姓，才需要靠女子和亲来保太平；刘献廷的《咏王昭君》表达的是一个新奇的观点，他认为一个画师怎么能判断一个人的美丑，说不定宫中还有更多似王昭君般的美人被埋没了，而昭君只是因为挺身而出才被知道；而王昭君自己的《五更哀怨曲》表达了她自愿跳出宫中这个牢笼，背井离乡之时，她念念不忘的并非皇宫，而是父母和故乡。后来，呼韩邪单于病逝，她自请回乡，而不是要求回皇宫。精读课内诗，略读课外诗词，并将不同的观点进行比较，让学生各抒己见。这样学习这首诗，我们可以更全面地看待昭君出塞这件事，以加深学生对这段历史的理解。

二、学生层面的群文阅读教学策略

在课堂教学中，教师只是主导者，学生才是课堂教学中的主体，一节完整的课堂教学需要教师和学生间的完美配合。在教学中，教师要发挥其巨大的引导作用。然而，一堂完整的课堂没有学生的配合与合作，那就不是一堂完整的课，更不能进行一堂群文阅读课。群文阅读教学的课堂需要师生的紧密合作，因此不仅是教师，学生也要改变原有的阅读方式，开阔自己的眼界。

（一）课前预习，提前感知文章

古诗词群文阅读教学与单篇古诗词阅读教学明显的区别就是课文由一篇增加为几篇，学生的阅读量比单篇古诗词学习要多得多，学习的难度也会增加。因此，学生做好课前预习的工作就显得非常有必要了。经笔者调查发现，有15.1%的同学一直都会主动预习，58.5%的同学偶尔会主动预习，16.9%的同学是教师要求了就会预习，而9.5%的同学从来都不预习。由此可见，一直都有课前预习习惯的同学并不多，而学生想要更好地参与到古诗词群文阅读教学的课堂中去，一定要提前预习，感知文章，这样在课堂上才能紧跟教师的思维，参与到课堂讨论中去。因此，要让学生提前预习，教师就必须提前布置好预习任务，如让学生预习课内的一首古诗词，或者将下节群文阅读课涉及的古诗词打印出来分发给学生，设计阅读卡片，让学生预习并填写，只有学生带着任务去预习，才能有更大的收获。

（二）增强意识，提高阅读速度

群文阅读教学不仅需要教师加强群文意识，也需要学生有群文意识和整体体系的认识。首先，教师要具有统整教材的能力，学生也应该在教师的指导下逐步认识教材的编写系统，从而达到对整个学期目标的明确。古诗文的学习更是如此，古诗文的学习不仅要求学生学完之后能够理解和鉴赏一般的古代诗歌和文言文，而且应该明白中国古代诗歌或者文言文的不同时期的创作流派和发展脉络，这需要学生在学习过程中增强群文意识，只有做到群文之间的比较阅读和连续性阅读，学生的知识系统才是完整的，他们会因此对古诗文有一个更加整体、系统的了解，从而博采众长、触类旁通，这应该是教师教学的意义。

其次，我们身处于知识海洋的时代，海量的阅读信息需要每一位读者进行选择、分析和理解。而如何能够在浩瀚如海的信息中获取对我们有用的信息，还需要人们有一定的阅读能力和获取信息的能力。因此，在语文阅读教学过程中，应该加快学生的阅读速度。学生在课堂上的阅读速度是影响群文课能否顺利进行的一个重要因素，学生必须改变原有的逐字逐句精读文本的阅读方式。学生要在一堂40分钟的课内阅读几篇难懂的诗歌或者古代文言文章，这不仅需要学生在课前有一个很好的自学梳理的过程，而且在课堂上更需要他们具有独特的见解。因此，学生要加快阅读的速度，甚至教师要直接教给他们提升阅读速度的方法。

（三）合作学习，培养求同存异的思维

《普通高中语文课程标准（2017年版2020年修订）》中提出高中阅读教学要“注重合作学习，培养相互切磋的习惯”。在群文阅读教学中，教师围绕议题进行文章组合，供给学生阅读，在阅读过程中，教师作为指导者，要指导学生进行阅读，学生以议题为中心在课堂上展开讨论，最终达成共识。群文阅读的性质决定了其需要通过小组合作探究的学习方式展示。群文阅读在单位时间内为学生提供了更多的阅读空间，而小组合作的方式是构建集体课堂的重要手段，两者的有机融合在一定程度上改变了传统语文古诗词阅读教学的现状，促进了高中语文古诗词阅读教学的不断提升。此外，学生必须改变学习习惯，积极参与到课堂讨论之中，勇于发表意见。在合作交流的过程中，学生必须学会求同存异。遇到与自己观点不符的问题时，要耐心听取他人见解，不要盲目争论。

例如，笔者在进行《杜甫诗三首》群文阅读教学设计时，设计如下问题供学生合作讨论：

1.读完这3首诗歌，你有什么发现？（3首诗有哪些共同点？）

2.漂泊到夔州的杜甫的生活状态和精神状态是怎样的？

3.从这3首诗中，你们读到了诗人杜甫怎样的情怀？

以上这些问题，学生如果不和他人合作是很难完成的，因为这些问题不仅开放，而且难度稍大，不再是针对一首古诗词发问，而是针对一群古诗词发问。所以，学生不仅要相互讨论、交流成果，还要善于倾听他人意见。只有这样，古诗词群文阅读才能顺利进行。

再如，在以“我以明月抒情怀——《群文阅读：苏轼的明月情怀》”进行教学设计时，笔者设计了以下供给学生讨论的问题：

1.（温故）说说《赤壁赋》中苏子用“水月”营造了一个怎样的境界？

2.（知新）以小组为单位，每一个小组从《永遇乐》《醉落魄·离京口作》《六月二十日夜渡海》《西江月·照野弥弥浅浪》4篇诗词中选取一篇作为你们小组赏析的篇目，并从中找到苏轼的“月世界”。

3.（重读知新）（1）每个小组选一个朗读较好的同学，为大家朗读所选诗词，并说说作者借“月”寄托什么情感？

（2）哪个同学为我们回顾上节课《赤壁赋》作者借“月”描写了怎样的境界？

4.总结苏轼“月”下的世界。

这些问题在课堂展示，如果学生没有及时地进行小组间的讨论和总结，那么这一堂阅读课就不能顺利进行。只有学生通过讨论，才能对这“一群”诗歌进行深入的解读，从不同角度去解读，最终达成一定的共识。在同中求异，在异中求同，这样学生的辩证思维才能得到更好的发展。

（四）读写结合，加强写作能力

语文的阅读训练，不仅是为了提高学生的阅读能力，而且是帮助学生更好地表达思想的手段。语文阅读教学应恰当地把读与写结合起来。古代诗文承载着中华民族优良的传统文化，这是一个民族得以发展和富强的根基，学生是文化得以一代代传承的重要媒介。因此，学习古代诗文，不仅要培养学生的分析鉴赏诗文的能力，还要让学生在学习过后进行运用和拓展，将这些优良的传统文化的精髓用到平时的写作中。文化的传承不仅需要学生的读，更需要学生在读后有所感、有所想。这是一种学习上的迁移。学生通过学习迁移，加强对所学知识的继续和巩固，这也是能够提高和深化学习的一个重要条件。阅读教学的教学目标不仅是要教会学生阅读，增强阅读能力，还要教给学生“写”的能力，以读促写，以写固读，这样才能达到阅读的最佳效果。在古诗文的群文阅读教学后，学生所得不是“这一篇”的收获，而是一种整体的认识，要有巩固这“群”的认识，必须从写作着手。

例如，在“我以明月抒情怀——《群文阅读：苏轼的明月情怀》”的群文教学设计中，笔者设计了这样一道读写题，即“以‘豁达乐观’为主题，以‘我以明月抒情怀’的‘群文’为素材，写一篇不少于800字的作文（注：内容中要有自己的感悟）”。学生通过对苏轼诗文的学习，运用到写作中，从而加深了对苏子人生境界的了解。

第二节　高中语文文言文群文阅读教学基本策略

一、群文阅读教学法在高中语文群文阅读教学中应用的可行性

虽然文言文对学生语文能力的提高有所帮助，但也因为文言文的障碍，很多人在理解并传承优秀传统文化上也存在困难，如如何学习文言文，花更多的时间吗？这是一个亟须解决的问题。“群文阅读”这一教学方法是否适用于高中语文文言文教学，是否可以转变学生对文言文的看法、转变学生学习文言文的态度、打破沉闷的文言文课堂呢？笔者认为，“群文阅读”符合课程标准对文言文教学的要求，对改善文言文教学现状有积极意义。

（一）“群文阅读”有效改善“读不懂”的现状

高考新课标卷进行了一系列改革，如在高考文言文阅读中插入文学文化常识题等。与文言文备受重视的这一大趋势相比，学生的热情却没有很大的提升，这是因为他们体会不到文言文中的精彩，归根到底是因为他们“读不懂”文言文。读不懂是现今文言文教学存在的一个很大的问题，学生只是每天拿着翻译书在对课本上的文言文进行死记硬背，或许读懂了字面含义，但对文本的深层内涵却没有掌握，或觉得没必要掌握，不读懂也可以，这就导致他们对经典的精髓没有办法欣赏，从而越来越没有学习文言文的动力。文言的难，在于字、词、句，更在于历史文化的欠缺而无法正确理解语言当时的所指，因此周振甫先生提出学习文言文要做到“立体的懂”。那为了达到“立体的懂”的效果，单凭课本上的几篇文言文是达不到的。胡适也认为薄薄的、零碎的、散乱的古文读本是不利于国文教学的，“主张用‘看书’代替‘讲读’”。夏丏尊也关注文言文教学的阅读材料，在选文的学习上，他认为最好以选文为中心，多方学习，不要把学习的范围局限在选文本身。而“群文阅读”

正好和前辈们的想法不谋而合，提倡多文本阅读，学生的阅读量增加之后，就容易形成文言阅读语感，慢慢地，语言的隔阂会随之消除，读书越多则越熟，越熟则越速，之后必有成绩可见。因此，群文阅读可以有效改善学生“读不懂”的现状，引领学生走进文言文，走进中国古代文化的大门[①]。

（二）较好平衡了“继承中华优秀传统文化”和“获得较高文言阅读能力”的关系

2014年，教育部印发的《完善中华优秀传统文化教育指导纲要》明确指出，要分学段有序推进中华优秀传统文化教育，以高中为例，要提高学生的理性认识，让学生在学习过程中感悟内涵，增强文化自信，这一纲要给文言文教学提供了新的思路。随着时代的发展，“国学热”的浪潮只增不减，“文化的传承与理解”作为核心素养的一个方面，要求学生在学习过程中继承中华优秀传统文化，要有文化自觉和文化自信。在语文教学中，文言文是文言、文章、文学、文化“一体四面”，在传承中国传统文化方面有很大的作用。王荣生教授认为，“渗透文化是文言文教学的追求”；朱自清先生曾说过：“学生对文言文的学习，这是古典的训练，文化的教育。”他在《朱自清论语文教育》中指出，“可以把文言文逐渐作为了解古代文化的载体”。但现在的许多教师在讲解文言文时，总是抽象讲解，把文言文肢解成一个个字、词、语法，全然不顾文言文经典里显现出的文化，学生听的也是一头雾水，对文章深感隔阂，更不知文化是什么。久而久之，对文言文的兴趣也越来越少，阅读文言文的能力自然也就提不上去。

随着社会的发展，教师、家长、学生都希望可以通过三年的学习在高考中取得好成绩，金榜题名，去到一个好的平台展开自己全新的人生，这就导致很多学生认为成绩是第一位的，教师在教学中追求成绩，学生也认为成绩至上，所以出现了大量学生在语文课堂上做数学题的情

①高秋兰．群文阅读在高中文言文教学中的运用研究[D]．伊犁：伊犁师范大学，2023.

况，认为语文课听不听、学不学结果都一样，致使课堂变得沉闷，没有活力。为了改变这一现状，提高学生的学习兴趣，许多教师都做了很多努力，尝试了不同的教学方式。高中语文课程标准中也提到，充分发挥语文课程的育人功能，全面提高学生的语文素养及整体素质。积极倡导自主、合作、探究的学习方式，但只要与考试成绩有关，一切努力都变得苍白无力。所以，在保证学生获得好成绩的基础上提高学生对语文的兴趣、对文言文的兴趣至关重要。

“群文阅读”教学法主张对多篇文章进行阅读，量的积累会带来质的提升，读的经典多了，相应地对文化的了解也会越来越多。

夏丏尊先生也认为，“读文学作品，知道作者是一件紧要的事，其次要广泛阅读，最好能够读全集，因为我们的目的不是要做文艺的贩子，乃是要得到文艺的修养”。文言文中的文化是相互呼应的，而不是单独存在。比如，苏轼的明月情怀就在很多文章中都有涉及，学生可以通过阅读相应的多篇文章或查阅相关资料进行了解。

文言文中也有很多文化母题，学生通过阅读同一母题下的文章，进而对这一母题有更深刻的理解，从而对文章的内涵有更加准确的把握。例如，文人登高、名士悲秋、闺妇思亲、客子羁愁、幽人归隐、雅士聚会等。比如，以“幽人归隐”为母题，把《小石潭记》《湖心亭看雪》《赤壁赋》等文章放在一起，我们就可以很容易看出中国古代文人名士的山水情怀，看出古代文化的东西。学生在学习这几篇文章时，可以把文人的遭遇、情感变化做个对比，弄不懂的知识也可以通过其他文章相互补充，学生之间通过相互探讨来达成共识，这样可以增强学生的思考能力，调动学生的兴趣，学生通过自主探究、合作共享获得知识，会加深印象，记得更牢。这样既给了学生主动权去查找自己感兴趣的知识，又让学生自己动手查阅资料，可以增强学生的兴趣和动力。在主动学习下，学生对中国古代文化的了解会越来越深，学习语文的兴趣会越来越大，成绩自然也会越来越高。

（三）最大限度地保证了学生在课堂教学中的主体地位

新课程标准下的高中语文教学主张突出学生的主体地位，新课程标准中明确指出“注重语文应用、审美与探究能力的培养，促进学生均衡而有个性地发展”。在课程改革中，“以人为本”是课改的灵魂，但教师在课堂上几乎是“一言堂”，没有考虑学生的实际情况，然而每个学生都不是白板，都不是一块按照统一规格进入生产流水线等待加工的原木，学生也不是空着脑袋走进教室的，他们在日常生活、学习中已经形成了丰富的经验，所以教师在以自己的思路讲解文章时难免会出现死气沉沉的现象。这种现象不仅存在于课堂上，也存在于完成课后作业时，学生对课后作业追求标准答案，只想着赶紧做完结束，而没有深入研究探讨的想法。学生也经常存在一些语文课听或不听都一样，对成绩不会有很大影响的想法。一线教师为了提高学生对语文的兴趣，不断进行反思，深入思考，力求找到解决这种现象的有效办法。

经过长期研究和实践，很多人都发现造成语文课如此尴尬处境的重要原因就是语文课堂教学对学生主体意识的忽略。为了改变这一现象，很多新兴想法如雨后春笋相继出现。“群文阅读”便是一种尊重学生主体地位的教学法，首先是在教学内容的选择上，教师给出多篇文章，让学生自主选择，这一行为就可以很好地满足学生的好奇心，尊重学生的主体地位，让学生成为课堂的主人。其次，在课堂教学的过程中，以前是教师的“一言堂”或“满堂灌”，教师或没有提问直接讲出答案，或在提出问题后没有让学生充分思考探究就公布所谓的标准答案，教师追求的是参考书式的标准答案，忽略了学生的想法。而“群文阅读”提倡教师和学生集体建构，在课堂上学生畅所欲言，发表自己的看法，通过讨论、质疑、确定，最后达成共识，每个人都有发言的机会，不会再出现以往教师“一言堂”的现象。在这样的课堂中，学生之间的思维不断碰撞，学生的主体地位不断凸显，教师的角色转变为学生学习的协助者、学习氛围的营造者、学习资源的提供者。在学生主动学习、做学习的主人的情况下，只要培养学生的能力，培养学生养成良好的习惯，提高学生的语文素养，就会有新的收获。

二、群文阅读教学法在文言文阅读教学中的应用策略

（一）文言文教学中议题的确定

1.议题产生的途径

议题是“群文”选择文本的准则、依据，是每篇文章的关键点或突出的特点，是群文阅读的灵魂。议题的产生不是随意的，需要对每个文本进行分析，对议题进行打磨，如果忽视了对议题的打磨，随便确定一个议题选择一组文章，群文阅读的效果就会大打折扣，学生的阅读水平也不会有很大提升。议题的产生忌随意，如有的教师在执教时，直接把教材中3篇短文中的关键字作为群文阅读的议题，就显得比较草率、比较随意，而且并没有站在单元整体的角度去考虑，割裂了与该单元其他选文的关系，忽略了单元目标的作用。

高中阶段，文言文教学在整个教学环节中的地位十分重要，所以在文言文教学中采用群文阅读教学法时，议题的选择至关重要。为了改善学生“读不懂”和教师讲课内容随意的现状，议题的确定要突出“语文核心价值”，要依据组文目的、教学目标和考试大纲综合进行设置。

（1）议题的确定要突出“语文核心价值”

自新课程实施以来，语文教材不再是以前的“知识中心课程”，更多考虑以学生为中心，加强语文与生活的联系，但在这种情况下，很多群文课就会缺少语文味，成为思想品德课或者科学课，走进了一种误区。但群文阅读不单单是把文章组合在一起，更重要的是要培养学生的语文阅读能力，要着眼于语言文字，着眼于文章体式，着眼于文化理解与传承。我们在应用群文阅读时，要体现“语文核心价值”。首先，应该考虑议题要有语文特点，只有通过语文才能学到的东西。比如，尊老爱幼这个话题在思想品德课中也可以学到，我们在确定议题的时候就要避开。其次，议题要具有明显的特征或代表性，往往是文本的主要特征或

独特性，如《寡人之于国也》中孟子的论证逻辑就很突出。再次，议题要具有统领性，便于了解作家、把握文章。在一个作家的几篇文章里，不能只顾一篇或两篇就确定议题，要综合考虑文章。最后，议题便于上升为规则，这样对学生习得这类阅读技巧和能力有所帮助。比如，我们选择一组古代的记叙散文，由一篇文章得出古代记叙散文的基本图式，然后迁移到这组群文阅读中。

（2）议题的确定要依据组文目的

组文目的是由文章本身的特点确定的，是由群文的共性决定的。语文学科的教学内容具有不确定性，一篇文章可从多个角度进行解读，故而其可教的内容是多种多样的。因为选文目的不同，即使是同一篇文章放在不同的“群”里面，其所发挥的价值是不同的，所以确定的议题也是有所区别的。同一篇文章，可以从语言形式、思维训练、审美鉴赏、文化传承等角度来确定议题。比如，韩愈先生的《师说》，可以从骈散结合的语言角度来考虑，也可以从尊师重道的文化传承角度来确定。

（3）议题的确定要依据教学目标

高中阶段，不管什么教学都要围绕教学目标展开。教学目标是指教师在教学过程中，在完成某一阶段的教学任务时，希望学生达到的要求或产生的变化结果。所以，在设置群文阅读的议题时必须依据教学目标，课标把教学目标分为三个维度，议题的设定也应遵循三维目标，与教学目标相对应。比如，知识与能力目标，想要了解陶渊明的经历和文章，可以设置议题为“动荡的时代，坚守的诗人”；过程与方法目标，让学生学会想象，可以把“插上想象的翅膀，抽象变形象”设置为议题；情感态度与价值观目标，要让学生学会面对人生的顺境、逆境该如何自处时，可以将议题设置为“苏东坡人生的进与退”。教学目标的设定与学生的学情、单元教学目标、文本特点、作者意图都有很大的关系，在围绕教学目标设置议题时，这些因素都要考虑到。

教师的教学不能以自我为中心，要充分考虑到学生的水平，坚持“最近发展区”的原则，注意把学生现有的知识经验作为新的知识生长点，要避免将教学仅仅当作知识的传递。所以，教师要了解并分析学生的课内阅读和课外阅读，把握学生的阅读水平，在选择议题、组合文本时充分考虑，对学生已知或能知的不再进行赘述，但同时也要注意不能过分拔高，设置一些不在学生认知范围内的议题。

在语文教材中，不仅每单元前都有单元导读，而且每一单元都由多篇具有价值的文本构成，这些文本都处于教材内合适的位置，所以在设置议题时，要充分考虑单元目标，不仅要考虑本单元的，也要考虑前后单元的，甚至是在整本书或整个系统中的作用，从而确定关联性、系统性的群文阅读议题。美国学者艾布拉姆斯在《镜与灯》中提道：“世界、作家、作品和读者是文学的四个要素。”世界是作家描写的对象，读者可以通过作品与作者对话，可以对作品有自己的评价，而作者是作品的创造者，所以在设置议题时，要考虑作者当时的写作心境，要依据作者的写作意图对作品进行解读，绝不能脱离文本。

（4）议题的确定要依据考试大纲

群文阅读与考试并不是相互违背的，而是相互促进的。群文阅读既要调动学生学习的主动性，又能保证学生的考试成绩。所以，考试大纲也是设置议题时需要关注的一方面。

①关注总体考查要求

《2019年高考语文全国统一考试大纲》中关于高考语文在学生的阅读量和速度方面的要求有一定的提高，所以在平常学习生活中，加强学生的阅读训练很有必要。高考语文在古诗文阅读方面的考查主要是：阅读浅易的古代诗文，默写常见的名句名篇，理解文言实词、虚词、语法，了解常见的古代文化常识，归纳内容要点，分析作者的观点态度，鉴赏形象、语言和表达技巧。所以，教师在设置议题时要明确选文的价值，看文本的哪一方面较为突出，教师只有在了解文本内容后，将其与考试大纲相结合，才能对学生的阅读训练有所帮助。

②参考分层考查要求

考试大纲针对不同的能力要求划分的六个层级为识记、理解、分析综合、鉴赏评价、表达应用、探究。试卷上出题的形式主要就是对这些分层级内容的考查，如文言文的第一个选择题，主要考查的就是能力层级里的理解层级——了解并掌握常见的古代文化知识。所以，在设置议题时，要参考能力层级要求，进行分级教学设计，培养学生的古文阅读能力，达到教考结合的效果。

比如，将《师说》与考试大纲结合会发现，这篇文章对培养学生的鉴赏评价能力有帮助，评价李蟠的做法与当时社会的风气，鉴赏作者采用的论证艺术，领略这样的论证所达到的效果，通过对文本思想意义的分析，让学生继承中华民族传统美德，树立尊师重道的思想。这个时候，就可以借助其他文本，如《礼记·学记》《宋史·杨时传》《子贡尊师》《魏照尊师》《李世民教子尊师》等进行阅读，既增加了学生的阅读量，让学生对中国传统文化有了一定的了解，也让学生明确了要尊师重道、谦虚好学。

教师依据确定的议题执教，可以改善教师讲课内容随意性的问题；学生通过议题可以明确这节课的重点，在课堂上有所侧重，随着精力的不断投入，“读不懂”的问题也会随之改善。

2.议题的类型

（1）分类原则

议题本身具有开放性和可议论性，所以对议题的分类可能会出现彼此交叠的现象，但也不能说明议题不可分类。

在给议题分类时，应遵循三个原则：第一，标准统一，即对议题的分类应采用统一的标准，如根据刘守立“三感论”可以将议题分为语感议题、文感议题和情感议题等。我们在给议题进行分类时可以有多种分法，但这些分法一定要在统一的标准之下，这样分出来的议题才有对话基础。第二，通俗易懂，即对议题的分类不能晦涩难懂，要让学生一目了然知道这个议题是在说什么，简单明了，便于理解和接受。第三，模糊分类，即我们在对议题分类时不苛求精确分类，只要在主要矛盾方面可以区分即可，因为模糊理论接受模糊性现象的存在，对事物的划分采用大略性原则。

（2）议题的分类

对议题的分类有很多方式，有人将它分为语言知识类、言语实践类、策略方法类、概念认知类和情意品质类五类；也有人将它分为语言议题、形象议题和意蕴议题三类。笔者将议题分为语言议题、形式议题和内容议题。

语言议题是指与语音、词汇、句式、语法等现象相关的议题。在高中文言文教学中设置议题时，教师要关注语言，因为学生学习文言文的最大障碍在于对语言的不理解，体会不到语言的乐趣，只能死记硬背翻译书。在文言文中，采用群文阅读教学法，通过设置群文中的语言议题，培养学生的文言语感，如“偏心的复词”，让学生探究偏义复词在文言文中的分类和运用。语言议题对培养学生的分析、鉴赏能力有很大的帮助。

形式议题的范围较广，包括文体形式、结构形式、表达形式和思维形式。文体形式是指文章的体裁，如可以以古代抒情散文为议题，将人教版必修五中的4篇古文放在一起进行群文阅读，培养学生阅读古代抒情散文的能力。结构形式是指文章的行文方式，如最常见的“总—分—总”结构，议题可以设置为“关注分总”。表达形式是指文本内容是如何进行表达的，如想象和联想，可以将议题设置为“插上想象的翅膀，抽象变形象”。此外，群文阅读对培养学生的思维有很大的帮助，思维形式包括感性思维和理性思维，指学生获得对语言和文学形象的直觉体验，分析概括文学形象，运用基本的语言规律和逻辑规则分析文本，运用批判性思维审视言语作品等。比如，可以把议题设置为“古人论证艺术”，将贾谊的《过秦论》、孟子的《寡人之于国也》、韩愈的《师说》和荀子的《劝学》放在一起进行群文阅读，把握严密的论证逻辑。

内容议题是指议题的设置针对文本内容主旨、情感态度，然后对其进行探讨研究，以期可以对学生的世界观、人生观和价值观产生正面的影响，指导他们的人生方向。例如，可以将议题设置为“人应该如何学习”，将《劝学》《书林纪事》《三朝名臣言行录》《欧阳公事迹》《鹤林玉露》和《送东阳马生序》等文章或故事放在一起，让学生明白学习的重要性，以及习得有效的学习方法。

（二）文言文教学中选文的确定

文本是有效进行群文阅读教学的重要工具，是学生进行学习的有效依托，如果在依据议题选择文本时，没有选择妥当，和议题难以配合，则会使群文阅读的效果大打折扣，所以在选择文本时应慎重。针对文言文教学中存在的碎片化讲解、“读不懂”、较低的古文阅读能力、文化价值不突出、考试成绩不理想、内容理解不到位等问题，在选择文本时可以以“语辞”为线索，感受文章魅力；可以以“文章体式”为线索，拓宽阅读视野；可以以“文化”为线索，建构文章内容；可以以“考点”为线索，夯实学生的基础；也可以以“作者”为线索，培养人文情怀。

1.以“语辞”为线索，感受文章魅力

阅读文言文的目标定位是读懂浅易的文言文，“能借助注释和工具书，理解词句含义，读懂文章内容。了解并梳理常见的文言实词、虚词、句式的意义或用法，注重在阅读实践中举一反三。诵读古代诗词和文言文，背诵一定数量的名篇”。可以看出，文言文的目标涉及文言知识，文言知识包括语音、词汇、语法三个方面，那这三者中应该首先抓哪一方面呢？著名古汉语专家王力先生在《古代汉语和教学》中提到，“应首先抓词汇方面，因为语音对学生理解文章内容的影响不大，语法在古今差别上不是很大，学生可以理解，但词汇古今变化很大，需要一个积累的过程”。

学生读不懂文言文，很大原因是对文言的积累不够，文言文的学习要重视多读，努力扩大阅读量，积累文言词汇，培养文言语感。语文姓“语”，文本的价值应该通过语言得以体现和实现，文言文也是如此。因此，阅读文言文时要关注文本在语言方面的具体性、特殊性。在对文言文进行文本选择时，可以以“语辞”为线索组织文本。

古典散文作品的文学性，在语言的锤炼和章法的考究上有一定的体现，文言文阅读的要点是集中体现在“章法考究处、炼字炼句处”的所言之志和所载之道。所以，对文言文的学习，首先应回归文本的语辞世界。英国学者伊格尔顿在《二十世纪西方文学理论》中提出：“文学的可以定义并不在于它的‘虚构性’或‘想象性’，而是因为它以种种特殊方式运用语言。”我们平常关注到一句话是因为“话的组织、节奏和音响大大多于这句话中抽取的意义”，人们注意的是语言本身。俄国形式主义提出“陌生化”理论，俄国文艺理论家维克多·鲍里索维奇·什克洛夫斯基认为，“‘陌生化’的实质在于不断更新我们对人生、事物和世界的陈旧感觉”。文学语言的特殊之处就在于它以各种方法使普通语言“变形”，也就是使语言“陌生化”，这样一来，语言的魅力就大大凸显，语言所体现的这个世界就更加生动。布拉格学派的穆卡洛夫斯基提出“前景化”理论，“前景化”是文学语言的特性。这些理论都很好地说明了语言在文本中的重要作用，论证了在选择组织文本时以“语辞”为线索有很大的可行性。

比如，文言文中最常见的“之乎者也”，我们可以设置议题为“也的魅力”，我们可以选择《寡人之于国也》《冯谖客孟尝君》《烛之武退秦师》和《阿房宫赋》等文章组成群文，让学生体会“也”的内涵和魅力，从而感受文章的魅力。“也”是文言文中最常见的一个语气词，可以表陈述语气，多用在判断句句末，肯定谓语和主语之间的关系，如“赵宣子，古之良大夫也”。“也”常用在假设复句或因果复句的后一分句之末，表示对推论或原因的肯定。例如，《寡人之于国也》中的“斧斤以时入山林，材木不可胜用也”。“也”也可以做疑问语气词，除了表示疑问语气外，还起着强调疑问内容的作用。比如，“责毕收乎？来何疾也?”“也”还可以作为祈使语气词，除了表示祈使语气外，同时还起着加强语气的作用。比如，“攻之不克，围之不继，吾其还也！”《烛之武退秦师》里“吾其还也”中“也”表商量语气。“也”作为感叹语气词，除表示感叹语气外，同时对感叹内容具有肯定的作用，如：“子诚仁人也！”“也”除了表示语气外，它的语气中还包含文化意味，如《阿房宫赋》中的“明星荧荧，开妆镜也；绿云扰扰，梳晓鬟也；渭流涨腻，弃脂水也；烟斜雾横，焚椒兰也。雷霆乍惊，宫车过也；辘辘远听，杳不知其所之也”，一共有6个“也”字，都属于语气词，但前5个表示判断，最后一个表示强调；前5个表示的句式比较紧密，最后一个有点疏离；前5个和最后一个也可以看出宫女对皇上到来的急切的期盼、喜悦，到后来的焦虑、失落、无奈的心理状态。通过对这几篇文本的群文阅读，学生可以对“也”的内涵做一个系统、全面的理解，从“也”中感受文章的魅力。

在高中文言文教学中实施群文阅读，以“语辞”为线索组织文本，可以让学生在有限时间内阅读大量的关于文言的文本，便于学生整合资源，丰富文言语辞的积累量，改善“读不懂”的现状。

2. 以“文章体式”为线索，拓宽阅读视野

“文章体式”是指文本的文体特征，宁波的毛刚飞老师把入选到中学教材里的文言文归为十类，分别是史事传记类、诸子散文类、传奇小说类、游记小品类、政论辩说类、诗词散曲类、骈文辞赋类、古代戏曲类、书信公牍类和序跋赠言类，并指出了每一类文体的文体特点和教学重点。史事传记类的文章在春秋笔法中见证了历史的波澜和传主的人格；诸子散文类要体会其中的逻辑和思想的魅力；传奇小说类要在情节中把握人物的性格；游记小品类要学会在优美的语言中感受祖国河山和名士的情怀；政论辩说类要在论证中体会其思想的严密性及其精神；诗词散曲类要体会意境，把握诗人的情感；骈文辞赋类要把握文章的写作形式、技巧及作者的情怀；古代戏曲类要把握戏曲中的矛盾冲突，在冲突和语言中见识风土人情和戏曲价值；书信公牍类要体会交往的言辞和真情实感；序跋赠言类要学会把握主客写作的意图。

在人教版高中语文必修一到必修五的教材中，共有17篇文言文，在教材中分单元编排，分别是属于“古代记叙散文”的《鸿门宴》《烛之武退秦师》《荆轲刺秦王》；属于“山水游记散文”的《兰亭集序》《赤壁赋》《游褒禅山记》；属于“古代议论性散文”的《师说》《劝学》《寡人之于国也》《过秦论》；属于“人物传记”的《张衡传》《廉颇蔺相如列传》《苏武传》；以及属于“古代抒情散文”的《陈情表》《滕王阁序》《归去来兮辞》《逍遥游》，这些单元可以和上面毛刚飞老师的分类对应起来，如“山水游记散文”可以归到游记小品类；《寡人之于国也》《劝学》《逍遥游》可以归到诸子散文类等。

比如，以“游记小品”为议题，可以将《兰亭集序》《游褒禅山记》《小石潭记》《醉翁亭记》等文本组合在一起构成群文，让学生在优美简练的语言中欣赏祖国的河山，并感受作者的情怀，让学生学会阅读游记小品类文章。《兰亭集序》的作者以简练的语言写出了兰亭之美景“崇山峻岭”“茂林修竹”“清流急湍”，在此处可以游目骋怀，享受修禊之乐，同时也引发出作者关于死生之痛和今昔之悲的感叹，体现了王羲之积极入世的人生观。《游褒禅山记》是王安石在34岁任舒州通判时写的一篇游记，这篇文章用简练的语言写出了褒禅山之奇，在写景的基础上用大量的笔墨进行议论，指出人要做出一番事业，除了物质条件外，更需要意志和耐力，无论治学还是处事，都需要有百折不挠的意志和“深思而慎取”的态度。《小石潭记》是柳宗元被贬为永州司马后，为排解内心的愤懑而作的寄情山水之作，作者用优美的语言描写了小石潭的景色，但作者对小石潭的整体感觉却是“凄神寒骨，悄怆幽邃，其境过清”“忧深冷寂，孤凄悲凉”，含蓄地抒发了作者被贬后内心的忧伤凄苦与愤懑抑郁之情。《醉翁亭记》是欧阳修被贬滁州时所作，文章写出了醉翁亭的地理环境是山清水秀，为下文建构了一个优美独特的背景，接着用优美的语言描写了山间朝暮四季不同的景色，写了滁人的游乐和太守的宴饮，表现出了百姓游乐的太平祥和及太守的与民同乐，最后写宴会散、众人归的情景，作者借山水之乐来排遣被贬生活的苦闷，既表达了自己与民同乐的情怀，又有一份对国家政治昏暗、奸邪当道的担忧，这篇文章里既有一份悲伤，又有一份欣喜。

学生通过对这一议题的学习思考、集体建构，就可以明确游记类文章，作者在写景的同时更是为了表情达意，所以不仅要让学生在游记文里欣赏祖国的大好河山，而且要让学生体会作者在作品中蕴含的思想和情怀。

以“文章体式”为线索选择文本时，可以让学生明确在以后学习过程中遇到同类文章的时候，应如何去学习与思考，让学生掌握学习古文的方法，提高学生的古文阅读能力。

3. 以“文化”为线索，建构文章内容

语文课程肩负着培育文学、文化素养的重任；而文学、文化素养在语文课程中有特定的所指，它以确指的“定篇”存现，高中教材中的文言文选文，应当以“定篇”的身份进入，以更突显其文学性的特征。倪文锦教授指出，“经典是文化之母，阅读经典有利于文化的传承与发展”。朱自清先生也强调经典训练的价值在文化，认为应该把文言文作为了解古代文化的载体。郑力乔在《中国文言文教学的现代转型：以20世纪二三十年代中学文言文教学的考察为依据》中指出，“学习文言文，首要目标是滋养精神，传承文化”“文言文作为一种‘文’的系统，对它的学习和掌握不仅是限于词义的理解，更是在真正‘读懂’的同时，建立起一种与古人相通的思维方式，从而深入传统，也使得传统文化在语言使用的同时得以延续”。《古文素养培养研究》一书中指出，“文言文教育和学生古文素质是相互促进的，中学古文教育是传承传统文化的重要途径，理解吸收传统文化有助于提高学生的古文素质”。所以，在文言文教学中，教师不能只注重让学生理解文意，而是要帮助学生体会古人的思想、传承传统文化。

文言文中蕴含的“文化”有很多，如隐士文化、孝文化、羁旅文化、亲友惜别、文人登高等。以孝文化为例，选择《陈情表》《论语》《孝经》、汉文帝亲尝汤药、老莱子戏彩娱亲、曾参愚孝等文章或故事，通过集体的讨论交流，让学生理解古人之孝，并指导自己今后的生活。《陈情表》中李密将自己的悲惨遭遇和祖母对自己情深似海作为陈情的依据，接着写祖母的身体状况每况愈下，处于狼狈之地，而圣朝又以孝治天下，自己尽孝日短，而尽忠日长，在忠孝不能两全时，希望可以先尽孝后尽忠，晋武帝最终被李密的孝情所打动。《论语》中，孔子面对不同的人问孝，给出了不同的答案：面对子游问孝，孔子回答最主要的是尊敬；面对子夏问孝，孔子回答“色难”，关键是态度要好，和颜悦色；面对孟懿子问孝，孔子回答“无违”，要以礼相待；面对孟武伯问孝，孔子回答“父母唯其疾之忧”。孔子针对他们不同的性格特点，给出不同的孝的含义。《孝经》以“孝”为中心，主张把“孝”贯穿于人的一切行为之中。汉文帝刘恒以仁孝闻名于天下，母亲卧病期间所服用的汤药都要亲自尝过之后才放心让母亲服用，侍奉母亲从不懈怠。老莱子70岁尚不言老，为逗父母开心，常穿着五色彩衣，手持拨浪鼓，像小孩子一样戏耍。曾参曾因为犯了小错就被父亲一棍打昏，醒来后却问父亲有没有累着，之后回房弹琴而歌，好让父亲听见，知道他挨打后并没有不适，孔子知道后批评了他的做法。

学生通过这几篇文本的学习，集体建构，知道“善事父母为孝”，孝有多种表现，包括敬亲、奉养、侍疾、立身、谏诤和善终，不能一味地愚孝。因此，准确地理解孝文化有助于学生正确处理日常生活中和父母之间的关系，树立正确的世界观、人生观和价值观，有助于提升学生的素养。

在选文时，以“文化”为线索建构文章内容，可以有效地改善教师在课堂上只注重字词讲解，与学生想要了解的内容不相符的现象，凸显了文言文的重要价值，有利于传承优秀传统文化，提升学生的语文素养和完善学生的人格。

4.以考点为线索，夯实学生基础

考点是指语文考试中考察测评的知识点，参照《2019年高考全国统一考试大纲（语文）》，把考查学生的能力分为六个层级，分别是识记、理解、分析综合、鉴赏评价、表达应用和探究。其中，文言文阅读包含在古诗文阅读中，考点如下：阅读浅易的古代诗文；默写常见的名句名篇；理解常见的文言实词、虚词、句式的含义和用法；了解并掌握常见的古代文化知识；理解并翻译文中的句子；筛选并整合文中信息；归纳内容要点，概括中心意思；分析概括作者的观点、态度；鉴赏文学作品的形象、语言和表达技巧；评价文章的思想内容和作者的观点态度。群文阅读可以以考点为议题，根据考点选择体现考点的文本，组合在一起呈现给学生，让学生根据考点完善自己的知识体系，在课堂上通过与同学的交流和分享，填补自己的不足之处，不断深化对知识点的印象，为学习打好基础，提高自己的阅读能力。

比如，考试大纲中要求学生学会鉴赏文学作品的形象、语言和表达技巧，针对这一考点中的表达技巧，设置议题为“对比论证的艺术”，将荀子的《劝学》、韩愈的《师说》、贾谊的《过秦论》和苏洵的《六国论》组合在一起，供学生讨论。4篇文章都运用了对比论证，如在荀子的《劝学》中作者为了说明善于积累对学习的重要性，把“驽马”和“骐骥”、“朽木”和“金石”作对比，说明了积累的重要性；之后在说明学习需要专一的道理时，把“蚓”和“蟹”作对比，通过写“蚓”能够“上食埃土，下饮黄泉”，而“蟹”却“非蛇鳝之穴无可寄托”，点明了学习必须用心专一的道理。韩愈的《师说》在第二段运用了三组对比论证，分别是“古之圣人”与“今之众人”的对比，“爱其子”与“于其身”的对比，“巫医乐师百工之人”与“士大夫之族”的对比，通过三组对比，揭示了师道难复的社会恶劣风气，写出了从师学习的必要性。在贾谊的《过秦论》中，作者将秦国与六国的军事实力进行了对比，突出了秦攻取天下时的所向披靡、势如破竹；再将秦孝公与秦始皇的治国政策进行对比，指明了暴政、愚民、弱民、防民的政策是不符合民意的，预示着秦灭亡的结局；作者还将陈涉与九国之师的地位、土地、士兵、武器等多方面进行对比，揭示了秦战胜了强大的九国之师却被弱小的陈涉打败，即“攻守之势异也”，同时也揭示出秦因不施仁政而导致灭亡的结局；最后，通过陈涉和秦的强烈反差对比，揭示出民心所向的力量，揭示了文章的中心论点——“仁义不施而攻守之势异也”。在苏洵的《六国论》中，有四组对比论证，第一组是秦与六国通过战争而得到的土地与通过和谈而得到的土地的对比；第二组是六国祖先创业艰难与六国子孙轻易割地的对比；第三组是六国割地之繁与所得平安之短的对比；第四组是诸侯之地有限与暴秦之欲无厌的对比，通过这几个方面的对比，论证了“赂秦而力亏”的观点。

通过对这4篇文本中“对比论证”艺术手法的学习，学生对对比论证有了一个鲜明的感知和全面的认识，在以后的文言文学习中遇上对比论证的问题就可以迎刃而解了。在文言文教学过程中，有的教师认为群文阅读有其优势，但担心学生的成绩会因此而降低，所以没有实行。因此，以考点为线索，夯实学生基础，可以让学生对考点有整体把握，完善学生的知识体系，帮助教师减轻顾虑。

5.以作者为线索，培养人文情怀

以作者为线索选择文本进行群文阅读，是一种比较简单、方便的组文思路，因为不同的作者有不同的写作思路和风格，即使是同一个作者，在不同的人生阶段也有不同的经历和心境，也会形成不同的文章风格，成为一个立体的、多层面的文人形象。通过群文阅读的形式可以将一个作家不同时期的作品放在一起进行学习，这样可以让学生对作者有一个全面透彻的认识，我们在群文课堂上提供给学生的不能只是一个作家类似的作品，而应该是体现作者不同思想状态或人生经历的作品，让学生在作品中体验人生、接受文学熏陶。

比如，以苏轼为例，以人教版高中语文必修二《赤壁赋》为依托，设置议题为“动荡的时代，圆通的词人”，选择苏轼不同时期的作品呈现给学生，苏轼一生的政治生涯可以分为四部分，分别是转任地方、乌台诗案、东山再起、被贬海南。为了让学生对苏轼人生态度的变化有一个全面的认识，可以将苏轼在凤翔、密州、杭州、黄州、惠州、儋州时期的作品节选一些放到一起，如写于凤翔的《喜雨亭记》和初到黄州的《卜算子·黄州定慧院寓居作》《前赤壁赋》《后赤壁赋》《念奴娇·赤壁怀古》《江城子·密州出猎》《饮湖上初晴后雨》《荔枝叹》等文本组合在一起，加入一些苏轼英年得志议论朝政的政论和史论等，让学生思考苏轼在当时的人生处境下其心态的变化，通过集体质疑、交流和分享，对苏轼的人生境界有一个认识，在受到儒家、道家、佛家三家影响下的苏轼，在经历人生变故后，由最初的锋芒毕露到逐渐参透生死荣辱、得失进退，最终走向圆通、自由的思想境界。

通过对苏轼人生思想境界的群文阅读，可以让学生对苏轼的了解更加深入，对不同时期的苏轼的作品内涵、思想状态有进一步的了解，这样对学生的人生观也有一定的启发，使学生在面对人生逆境时能够淡然处之，坚守自己的初心。

因此，在文言文教学中实行群文阅读时，以作者为线索，有利于让学生把握作者的创作思路和人生历程，便于学生对作者有一个全面深刻地了解，可以用相关文章的内容来解答自己的疑惑，改善学生内容理解不到位、“读不懂”文言文的现象。

（三）组织集体建构与达成共识

在设置议题和选择好文本之后，就进入群文阅读中的集体建构和达成共识，这两个方面是群文阅读在课堂上的主要呈现部分，是学生的思维碰撞，经过讨论研究分析综合之后形成自己独特的看法，获取知识的重要环节。针对在文言文教学过程中，学生的学习兴趣不高、主体性地位缺失、课堂活动效果不明显等问题，在进行组织师生集体建构和达成共识的教学过程中，教师和学生应该注意以下两点。

1.教师方面

（1）激发学生兴趣，营造良好的课堂氛围

“决不可把读书当作他的一种任务，也不可使他把读书看成一种工作”。这是英国教育家洛克说的一句话。中国《论语》里也有“知之者不如好之者，好之者不如乐之者”一说，这些观点都说明了兴趣在学习过程中的重要性。在对文言文现状进行调查时，笔者发现有的学生对文言文的兴趣不高。因此，教师在文言文中实行群文阅读时，一定要精心挑选文本，在众多文本中选取学生感兴趣的、易于学生接受的、能够引起学生求知欲的文章，激发学生对群文的兴趣，让学生享受学习带来的快乐和成就，这样有利于群文阅读的有效开展。

激发学生的阅读兴趣，有利于构建融洽的课堂氛围，促使学生达到最佳学习状态。课堂气氛在教学过程中占有重要的地位，课堂氛围的活与滞会直接影响学生的学习状态与效果。现在的文言文课堂大多数是死气沉沉，学生不认真听讲，容易走神，整节课几乎都处于安静沉默的状态。然而，我们在教学过程中要营造的课堂氛围应该是融洽、愉悦、和谐的，而不是太过活跃，导致课堂杂乱无章；也不是太过安静，导致课堂沉闷、毫无活力。师生要合力构建一种彼此舒适的气氛，让学生达到最佳学习状态，这样在学习“三怕”之一的文言文时，才能有思考的能力。只有在这样的氛围中，学生才能互相合作，交流学习中的困惑，分享学习中的收获，让学生真正做到乐学、善学、实学。

（2）合理设计教学问题，保证课堂活动有效进行

群文阅读要求在有限的时间内阅读多篇文章，这就要求教师在设置问题时应充分考虑学生的实际水平，设置恰到好处的问题。问题是学生

思维的起点，是教师教学的手段。就像建构主义所用的“脚手架”这一术语，合理的问题就像脚手架，可以引导学生更好地学习。但很多教师受文言的限制，关注的大多是一些词汇、语法方面的问题，没有注意全局的整合。

教师在设置问题时要对多篇文言文共同发问，提出的问题一定是可以涵盖多个文本，将它们串联起来，启发学生思考的。而不能片面地针对一个文本，丧失群文阅读的意义。问题的设置要在学生的“最近发展区”进行，教师要了解学生的真实水平，给学生提供一些富有挑战性的任务，设计具有比较性、迁移性的问题，培养学生的问题意识与探究意识，不断提升学生的古文阅读能力。

（3）给学生平等与尊重，归还课堂主权

高中阶段，学生主体性增强，有自己的思想。阅读具有主体性和多元性，这与高中生的特点不谋而合。美国心理学家卡尔·罗杰斯认为，“可以教给别人的东西，对于他的行为影响不会很大，相对而言，这些东西都是无用的，只有自己发现并内化的知识才能影响一个人的行为”。所以，教师在课堂上要转变以前的“一言堂”传授知识的做法，“授人以鱼，不如授人以渔”，让学生积极主动参与课堂，做课堂的主人。

在文言文的课堂教学中，很多教师都已经习惯了在讲台上一味地讲解文言实词、虚词，梳理文章意思，让学生会背文章和翻译，甚至文章下面的注释都要求会背，从学生接触第一篇文言文开始，教师就这样做。久而久之，学生就会认为文言文只要会背翻译书就可以了，听不听、学不学影响都不大，导致文言文课堂枯燥乏味、死气沉沉。因此，为了激活文言文课堂，使学生体会到学习文言文的乐趣，就必须把课堂的主动权归还给学生，让学生充分展示自己，发表自己独特的看法和理解，培养学生的阅读兴趣，这是教师采用群文阅读教学法的出发点。集体建构和达成共识这两个环节主要是在课堂上由学生完成，教师要给学生提供可供阅读的素材文本，让学生通过阅读多个文本进行思考，发挥主观能动性，与其他同学进行分享讨论，最终达成共识，从中体会到学习带来的乐趣和通过自己的努力带来的成就感。教师在课堂上要学会“少说话”，应该给学生营造一个宽松的学习环境，让学生在其中可以轻松、愉悦地讨论，教师是与学生平等对话的，不存在谁的地位高或谁的地位低的问题。

在课堂上，阅读要指向每一个学生，要求学生在阅读中进行交流沟通，所以教师在课堂上要让学生畅所欲言，不能只注重参考书式的标准答案，要注重激发学生的思维，尊重学生的答案，多鼓励学生从多个角度进行思考，而不是轻易否定学生的想法。因为教师并不是“全知全能”者，也不是真理的代表，教师也是在和学生的共同探讨中进步的，教学相长。

值得注意的是，独立阅读不等于放任自流，教师在课堂上也不能任由学生讨论，那样也许一节课都没有收获，因为学生的想法天马行空，很容易偏离讨论主题，所以教师及时点拨很重要，但点拨不等于取代学生的独立阅读。如果遇到学生意见不统一，存在多方质疑时，教师不要急于统一答案，因为有的答案本就是多元性的，即使不是开放性的答案，也要让学生充分讨论，慢慢推理。贾德的泛化原理认为，学生能够将自己在原先的情境中得到的知识加以泛化是迁移的重要条件。所以，教师要找寻让学生进行迁移的途径，让学生不断练习，学会阅读的方法。

在文言文教学中，学生因与文本时间空间距离较远，所以在阅读文本进行探讨时难免会出现有疑问的地方，在这个时候，教师不要急于告诉学生正确答案，而是应该鼓励学生动手去查找资料、翻阅字典、积极思考讨论研究，运用以前学过的知识和查到的资料自主解决问题，让学生做课堂真正的主人，真正做到教给学生释疑的方法——授人以渔，通过一节课的教学，培养学生的学习习惯，提升学生的阅读能力。

(4) 灵活转变角色，做到“适隐适现”

文言文阅读已经成为语文教学中的“老大难”问题，学生中流传的一句口头禅，“一怕文言文，二怕写作文，三怕周树人”，就很明显说明了文言文在教学和学生中的地位。文言文相比现代文而言难以理解、难点颇多，学生习惯一味地听从教师讲解，没有自主探究的想法，或总是望而却步，不敢深入探究分析，也是我们急需改变的教学现状。

然而，阅读的过程就是学生与文本交流的过程。所以，教师要留给学生足够的空间去讨论，但这并不意味教师在课堂上要退居教学之外。在群文阅读的课堂上，教师为学生提供阅读的文本，是课堂进程的把控者和引导者，是学生学习的协助者、鼓励者。

除此之外，教师还是课堂反馈的推进者。在学生进行集体建构的过程中难免会有纷争，所以教师在遇到纷争的时候参与进来，给学生一些点拨就显得至关重要。教师可以通过评价分析一些学生的课堂表现，让其思考进而取长补短，帮助学生不断丰富自己的知识体系、提升素养。当学生表述自己观点的时候，遇到表述不清或难以表述的情况时，教师要进行及时的课堂反馈，具体方法主要有复述、梳理、追问、聚焦、联结、综合、转换视角等。在群文阅读教学过程中，教师可以对学生的看法进行进一步的追问，以期引发学生更深入的思考。当学生在发言中谈到重点要素时，教师要提醒学生集中注意力；当学生思考不到位时，教师要进行及时点拨。教师通过一系列方法来加强课堂反馈，以激发学生的思考，增强学生的阅读能力。

总之，高中语文教师在课堂上要“适隐适现”，要留给学生足够的空间，让他们自主探究，又要在他们需要的时候出现，要注意不能让学生手足无措，不知道该干什么。

2.学生方面

（1）学会倾听，彼此尊重

文言文教学是将古代贤哲的思想传达给后人，一些观点“仁者见仁，智者见智”。面对多文本的群文阅读，师生在集体建构分享讨论达成共识的过程中，其他同学的倾听显得更加重要。倾听是有效沟通的必要环节，只有在别的同学发言时认真倾听，才能有效接收到别的同学发出的信息，然后和自己的想法进行对照，才能碰撞出思维的火花，开启自己思考的大门，这样才会做到有效交流，为之后要达成的共识打好基础。

要养成良好的倾听习惯，必须从一点一滴入手。学生可以通过听后复述来加强，即在别的同学发言完之后复述别人的发言，对比两次发言结果，评估倾听效果；也可以通过听记训练来培养倾听习惯，在别的同学发言时，拿笔记下同学的发言要点，这样就为之后与自己的想法进行对照奠定了基础，以防忘记发言内容。可见，良好的倾听需要礼仪，不能在别人发言时急于打断别人发表自己的看法或介入转换别的不相关的话题，要保持情绪的冷静，不可太过激动，如遇到意见不一致时，要文明讨论，不能产生不理智的争执，要克服以自我为中心的思维模式。

在达成共识的过程中，难免会听到不同的声音，学生之间要文明辩论，拿出合理的依据说明自己的观点，用正确的方法证明自己想法的有效性，而不是胡搅蛮缠、胡乱争辩、毫无理据地争执，如果遇到争执情况，教师要及时制止并对学生进行正确的引导。

（2）独立阅读，主动思考建构

群文阅读对多文本的阅读和考试大纲中对学生的阅读速度和阅读量作出的要求是相一致的，因此学生在阅读时必须增强阅读意识，提高阅读速度，扩展课外阅读，培养阅读语感。文言文阅读更是如此，因和学生生活的时代距离较远，学生较难理解，所以学生要提高阅读文言文的速度，文言积累也显得尤为重要。

学生在平时学习文言文时要做好读书笔记，建构自身原有的认知结构，为之后的自主学习打好基础，自主建构知识体系。在群文阅读的课堂上，学生面对多篇文本，需要将原有的知识进行迁移，在原有知识的基础上结合现有的资料文本，深入研究，遇到不懂的地方先自己查阅资料，之后形成自己的看法，再进行迁移阅读，完善原有的知识体系。文言文阅读要想有效进行，必须沉下心来去读、去思考，不能总想着依赖教师的讲解或翻译书，要学会自主独立阅读、主动思考建构。

（3）合作学习，培养求同存异的思维

群文阅读要求师生在课堂上集体建构，这就意味着合作学习是其主要手段。在文言文课堂上进行群文阅读更是如此，因为学生对文本并不熟悉，所以合作学习会起到事半功倍的效果。学生在群文阅读的课堂中面对多篇文本，他们分工合作，以建构分享为主。但长期以来，我们在阅读教学尤其是文言文教学中，只存在教师的一种声音，学生也是唯教师是瞻，奉行的是同一性思维，学生没有自己的想法。英国利兹大学和波兰华沙大学社会学教授齐格蒙特·鲍曼（1925—2017）指出，“同一性思维宣告了一种对立、一种界限，这种思维使我们在面对问题时总希望得到一个固定的统一的答案，这种思维导致文言文教学出现枯燥乏味、死气沉沉的现象”。而问题在于，文本本身是一个极其丰富的复杂的世界，文言文中除了有定性的语音、语法现象，很多文化或是其他知识都是多元化的，对文本的解读存在多种可能性，提倡多方面、多角度理解，提倡学生运用多元思维，多元思维强调差异优于同一，强调包容性，主张答案的开放多元。

所以，在文言文群文阅读课堂上，文本有其结构的开放性和意蕴的丰富性及不确定性，学生在对文本进行解读的过程中会遇到问题，提出质疑，会对问题做出自己的分析和判断，之后在集体建构的过程中，各种想法相互交流、碰撞，从其他同学的想法中学习其长处，来完善自己的思维和想法，取长补短。在表达自己意见的时候，要学会尊重他人的意见，平等对话，求同存异，提升课堂活动的效果。

第三节　高中语文现代散文群文阅读教学基本策略

一、高中语文现代散文实施群文阅读教学的必要性分析

如今受网络的冲击，学生的课外阅读大多是“碎片化”的、无目的的、低效的。学生自主选择阅读的文章也大多是小说，很少会集中精力去阅读散文。而“结构化”的群文阅读将散文阅读的知识进行整合，把散乱无序的信息进一步系统化，在这个基础上再进行学习，可以达到事半功倍的效果。

（一）有助于提升学生的学科素养

《普通高中语文课程标准（2017年版2020年修订）》中指出：“学生通过阅读与鉴赏、表达与交流、梳理与探究等语文学习活动，在语言建构与运用、思维发展与提升、审美鉴赏与创造、文化传承与理解几个方面都获得进一步的发展。”可见，语文学科素养的建立离不开语言环境，更离不开阅读实践。群文阅读教学方法的运用能够让学生在短时间内接受更多的语言材料，增加阅读实践的机会，积累阅读经验，提高阅读效率，锻炼思维能力，从而促进学生学科素养的建构。

1.丰富语言的多种样式

学生阅读的过程就是自主获得阅读活动经验的过程，在这个过程中，学生能够积累较为丰富的语言材料，从而形成良好的语感，加快阅读理解的速度。在群文阅读教学中，教师会引导学生将自己原有的语言材料和新接触的语言材料之间建立有机的联系，加深理解。在集体建构中，师生共同把文章放在具体的历史文化环境中去理解和评价，建立有效的分享平台，学生运用口头语和书面语分享自己的阅读心得，将他人的语言材料转化成自己的，获得语言学习的效果。与此同时，学生可以在他人分享感悟和评价时，得到不同的语言经验，从而生成更加丰富的阅读

体验。在阅读不同的文章时，学生可以感受到作者根据不同的语言情景和不同的语言对象所运用的语言差异，体会中国语言文字的魅力，丰富语言的多样性。

2.提升思维的创新能力

群文阅读教学在实施的过程中，首先，学生通过阅读可以直观地学习作者的行文思路，再通过梳理和整合，在原有知识的基础上加之自己的阅读心得和体会，并将原有知识和新接受的知识进行思维上的连接，形成新的知识结构，并且在不断地阅读过程中，将阅读经验逐渐转化为适合自己思维模式的学习方法和学习策略，从而提高阅读效率。其次，学生在阅读的时候，教师进行阅读方法的点拨，让学生尝试运用联想和想象等方法，不仅可以增强学生对文学作品中语言和形象的直观体验，还可以使得文学形象和现实生活相联系，丰富学生的阅读体验，拓宽思维。再次，在阅读文章的时候，学生通过辨识、比较、归纳和概括文学作品的语言现象和文学形象，有理有据地表达自己的观点，有利于培养学生的逻辑思维能力，使学生在倾听别人观点和名家观点时，能够发现不同人的不同思维角度，从而形成辩证思维，并且能够运用批判性思维审视文学作品，形成自己独特的文学感受。最后，博采百家众长，自觉地分析和反思自己的阅读活动，得出更加深刻的、批判的、创新的观点。就是这样，在群文阅读的过程中学生完成了一次次思维品质的提升。

3.形成独特的审美体验

在阅读的过程中学生能够直观地感受到祖国语言文字的独特魅力，加深对母语的热爱，还能够通过体验和感受散文中的语言、形象和情感之美，欣赏、鉴别和体会不同时代、不同风格的作品，从而逐渐培养学生正确的价值观、高雅的审美情趣和崇高的审美品位。学生在拥有鉴赏美和评价美的原则上，可以结合自己的审美体验，在师生共同建构的过程中表达自己的感情、态度和观点，表现或创造自己心中的良好形象。

在倾听他人分享的时候，评价不同人的语言文字所表达出的不同效果和美感，从而创新发展自我的审美情趣①。

4.传承优秀的传统文化

在阅读我国文学作品时，教师可以引导学生，让其在阅读中体会中华文化的博大精深、源远流长，体会中华文化的核心思想理念和人文精神，增强学生对本民族文化的理解和认同，同时激发学生热爱中华传统文化、继承和弘扬传统文化、革命文化的决心。在阅读其他民族文学作品的时候，培养学生的文化包容性，懂得尊重和理解不同民族、不同区域、不同国家的优秀文化，在此基础上能够求同存异，吸收和借鉴人类文明的文化遗产。现当代散文中集中着当代文化的精华，让学生关注文化的传承和发展，参与当代文化中，坚定文化自信，提高社会责任感，自觉成为现当代文化的传承者和守护者。

（二）有助于丰富传统现代散文的教学方式

1.增强学习的期待，成为学习的主人

散文作为高中阶段最为重要的文体之一，散文阅读是学生阅读实践中必不可少的环节。根据高中生的心理特点来看，学生更愿意阅读具有趣味性的小说，而对于散文的学习却不尽如人意。究其原因，散文具有语言美、结构美等特点，但是在教师的教学过程中进行逐段逐句的分析和鉴赏，破坏了散文的美感，使得学生不愿意学习散文、不愿意阅读散文。

运用群文阅读教学法，将最大程度保证学生的主体性地位。课前预习时，学生会发现将要学习的散文和之前已经学习过的散文之间的区别和联系。在上课的时候，教师只需要帮助学生消化新的知识和内容，给出阅读和鉴赏方法的指导即可，再由师生间共同讨论研究议题，由学生决定接下来的学习内容，增强学生的兴趣。在课后，教师按照相关议题

①王鹓礵．群文阅读在高中现当代散文教学中的应用研究[D]．喀什：喀什大学，2022.

准备群文，推荐给学生继续阅读，提醒和引导学生运用所学的阅读和鉴赏方法，强化课堂所学。在这个过程中，学生主导并参与其中的每一个过程，这是一个主动学习和建构的过程。

2. 改变阅读的方式，提高阅读的效率

在传统语文课堂中，是以单篇课文的文本为中心，由教师带领学生共同阅读文本，赏析和鉴赏文本的语言和思想，最后得到统一的阅读经验。在群文阅读教学法中，学生将自主阅读多篇文本，观察不同文章写作的手法，以及对于同一事物的不同角度的描述。在授课的过程中，教师根据共同商议的议题选择适合的文章供学生阅读，将所习得的阅读方法及鉴赏方法运用到新的阅读材料中去，加以巩固和提高。通过大量的阅读实践，阅读方法运用得更加熟练，分析和鉴赏能力也能提升，学生在分享自己阅读心得的时候也会越来越自信，阅读的兴趣也会高涨。在学生拥有快速的阅读方法和鉴赏方法后，阅读的效率也会大幅提升，这样在有限的课堂时间里就能进行更多的阅读实践。

3. 加大阅读的数量，提高写作的能力

在群文阅读中学生丰富了个人的阅读实践，通过不断的练习和积累，将阅读经验逐渐积累转化为阅读方法。学生在方法的指导下可以更加有效率地阅读更多的文章，加深对中国语言文字使用规律的理解，积累更多语言素材，将成熟作家的文学语言进行转化和迁移，运用到自己的写作中。除此之外，教师引导学生去观察不同文章、不同作者的构思方式，学生能够找到和自己文风相似的作家，在模仿的基础上融合自己的思想进行创新。随着阅读实践的增加，学生接触的作家越多，积累的写作方法就越多，最终能够根据内容和情感的要求，寻找到更适合的表达方式。学生经过长时间的阅读和写作练习，会形成自己独特的风格。在群文阅读的过程中，教师还可以选择同一内容的不同角度来讲述作家所写的文章，或者对于同一事物的不同方面的评价。学生通过阅读这类文章可以养成发散思维，在写作的过程中也可以另辟蹊径，从不同的角度入手，得到写作能力的提升。

（三）有助于解决单篇散文阅读教学的问题

在单篇散文教学中，师生闭塞于一篇文章的学习，在课堂上过于重视知识的讲解和能力的提高，授课的侧重点在理解文章，却缺少鉴赏方法的指导，导致学生只会就文章理解文章，在面对其他文章的时候还是束手无策。传统的课堂教学中，以教师为主导去解读文章，这样使得学生参与度低、效果差，影响了学生的学习兴趣。而群文阅读教学法的出现将尽可能地改善传统的散文阅读的弊端，营造师生共同学习的氛围。

1. 单篇散文重知识，群文阅读重方法

在传统的散文教学中，以教师为主引导学生逐步解构文章，品析语言，以期待学生能够学会阅读理解和鉴赏的知识。但是往往会出现不能够学以致用的现象，所有的解读和鉴赏被固定化，学生缺少应变能力。在群文阅读教学中，并不是完全忽略知识技能的学习，而是要求学生利用好课前预习的时间，尽可能自己解决这方面的问题，还可以结合小组活动互相补充知识盲点。在课堂上，教师在学生自学的基础上对相应的重点知识进行补充教学和点拨。例如，在进行《小狗包弟》的教学中，单篇散文教学的课堂上，教师会带领学生分析文章的故事线索，理解作者的心情，介绍“自然流”的抒情方式，让学生借鉴这样的表达方式，体会其表达效果的特殊之处，从而引导学生用这样的方式写作。而在群文阅读课上，则更加强调“自然流”的抒情方式的运用，这篇叙事散文的故事链还有作者的心情起伏部分可以作为课前预习的思考题，在课上让学生通过合作探究的方法进行梳理，教师只做适当的补充。针对“自然流”的抒情方法，教师在介绍相关的知识后，为学生呈现相关选文，让学生尝试着去区分多种抒情方式的表达效果，在运用写作的时候能够结合不同的写作情境选择更加合适的抒情方式。

2. 以单篇为“砖”，引出群文之“玉”

我们所说的群文阅读教学并不是完全摒弃单篇散文教学，而是由一篇引出多篇，让学生在尽可能短的时间里阅读更多的文本，掌握更多方面的内容。例如，在讲授《囚绿记》的时候，作者从不同角度对绿枝进行了细致精彩的描写，有粗略的“绿影”描写，有精细的“特写镜头”，还有对绿枝条变化过程的描写，这些描写都是非常值得细细品味的。针对这一部分，教师在教学的时候可以引导学生思考其描写的特色及其表达效果。在群文阅读教学时，教师可以从本节课的教学重点和教学难点出发，引导学生设置“细节描写”的议题，用课内的文章引起多篇刻画景物细节的文章，让学生看到这种写作方法的延伸，也可以引出相同写作方法但是描写不同事物的文章，甚至可以选择电影《战舰波将金号》，让学生了解“蒙太奇”式不同场景镜头的表达效果，将之迁移运用到文学创作上。还有一种情况是以一篇文章为支点，引导学生去了解一个时代的文学概况。例如，在《囚绿记》中要求学生结合当时的时代背景，理解在抗日战争期间广大人民群众的苦难和中华民族不屈的民族气节。教师可以寻找战争时期我国优秀的文学作品，引导学生观察这一时期文学作品的风格，了解战争时期人民群众的生活状态，用一篇引多篇。

3.解决高中学生“整本书阅读”的困难

《普通高中语文课程标准（2017年版2020年修订）》中将高中阶段的语文学习划分成了18个任务群，其中“整本书阅读与研讨”任务群要求：“引导学生阅读整本书，拓宽阅读视野，构建阅读整本书的经验，形成适合自己的阅读方法，提升阅读鉴赏能力，养成良好的阅读习惯，促进学生对中华优秀传统文化、中国革命文化、社会主义先进文化的深入学习和思考，形成正确的世界观、人生观和价值观。”在这个任务群中，要求学生阅读一整本的学术著作或者长篇小说，但是在实际教学中，由于不同地区、学校的经济、师资、学生之间的差距，完全实施整本书阅读会有一定的困难。但是群文阅读教学法同样可以提升学生的阅读鉴赏能力，增加学生的阅读量，积累阅读经验。并且教师运用群文阅读教学法时会根据不同议题的选择选文，让学生更加有针对性地得到思维能力和审美能力的提升，所以从这个角度来看，在部分学校和地区未能实施“整本书阅读”或有实施困难的，可以先尝试推行群文阅读。

（四）有助于促使学生从“学阅读”到“会阅读”

群文阅读教学作为一种行之有效的提高学生阅读能力的教学方法，将改变传统教学中学生为阅读上阅读课的模式，让学生贯通阅读方法之后进入会阅读的阶段。经过长时间的群文阅读训练，让学生养成从日常阅读中自主获取信息的习惯，熟练地完成从零散的语言资料到内在知识的转化。学生的身份也由学习阅读的人转化成一名成熟的阅读者，能够根据文本的需要自行选择阅读方法，合理规划阅读时间。

1.提升能力：从简单理解到鉴赏评价

在传统阅读教学中，教师授课中最为重要的就是理解课文、理解作者的思想，这种建立在理解基础上的阅读，只是针对一篇文章的内容，领会作者在这一时间段的心理状态。但是在群文阅读教学中，学生会在大量的阅读思考之后了解同一位作家不同时期的作品，学生在理解文章内容的时候会更加全面，达到鉴赏的水平。此外，教师会提供一些文学评论，学生会发现不同人对同一篇文章的评价差异很大。在此时，学生会对文学评论家们对该作品的评价产生共鸣或者质疑。教师要允许学生存在疑问，鼓励学生用批判的视角去分析文章，鼓励学生保留个人的观点和建议，不盲目崇拜专家的说法，并且给学生提供更加科学的研究方法，让学生去深入研究和探讨，给学生更大的思维空间，让学生更加客观理性地评价作品。

2.冷静思考：从模仿学习到审视批判

学生在阅读的时候，自然而然地就会跟着作者的思路去感受文字的魅力，久而久之会形成自己的阅读喜好。那么，这一类文章就是适合学生进行模仿的一类文章。在教师的指导下让学生去模仿作者的行文思路和写作方式，提升学生自身的阅读水平、写作水平。但是随着阅读量的增加，学生的学习不应仅停滞在模仿阶段，教师还要引导学生冷静地思考，形成自己独特的审美体验和审美风格，让学生能够运用审视的、批判的眼光去观察文学作品、评价文学作品。学生在成为成熟的阅读者之后，针对一篇文章不仅能够从各个角度去评价，还能够有自己的文学态度。引申到日常生活中，学生在对待人和事的时候，也能够找到与众不同的观点，成为另辟蹊径、独树一帜的有个性的人。随着群文阅读教学法实施的推进，学生从一开始的模仿学习到后期的审视批判，教师在这个过程中需要给予更多的指导和帮助，向学生展示多元化的解读和不同角度的评价，帮助学生形成自己的审美情趣。

3.自我反思：从“文与文”到“人与文”转变

阅读是一个渐进的过程，法国文学大师罗曼·罗兰曾经说过：“从来没有人为了读书而读书，只有在书中读自我，在书中发现自我，或检查自我。”一个真正成熟的阅读者，是会从文章中找到自己真正需要的东西，从一篇文章到另一篇文章，除了熟练阅读方法之外，更为重要的是收获不同的阅读感悟。所以，群文阅读教学法主要目的和意义就是让学生能够真正热爱阅读、终身阅读，从一篇篇的课文中解放出来，让整个人沉浸在文学阅读的氛围中，做到人和文的一个交流和对话，甚至可以透过文本和作者对话，与作品存在的那个时代对话，从而丰富自己的人生经验。在这个过程中，学生的眼界会更加开阔，对自身行为和思维也会有所修正，形成一个良好的自我反思、自我成长的过程。

二、高中语文现代散文实施群文阅读教学的有效策略

（一）预习材料的准备

经过实践证明，有效的课前预习可以让学生更高效地利用课堂时间获得更多的知识。群文阅读教学法要求学生在课前进行有效的大量阅读，但是这样有针对性的语言材料又是来自教师的课前准备和挑选，可以说课前预习的效度决定着群文阅读教学法施展的效果。

1.精选文本，选择有明显散文特点的文本

课前预习作为上课之前学生的自学过程，任课教师会在前一天以作业的形式下发阅读材料，为了不加重学生的课业负担，教师在安排群文

阅读材料时就应该尽量精简，尽可能选择少而精的文章。从散文的文体特点来看，其语言优美凝练，其文章内容“形散而神不散”，所以教师在进行散文群文选文的时候，就应该遵循散文这一文体的特点，尽量选择能够展现文体特色或者作者风格的文章。例如，在教授朱自清先生的《荷塘月色》的时候，研究文章情景交融的艺术手法，我们可以选择《桨声灯影里的秦淮河》这样的文章，同样是情景交融、充满诗情画意，让学生感受这种写作手法的效果。除此之外，还可以将散文中的情景交融和诗歌联系起来，选择和散文中描写的景色、事物相似的诗歌语句，让学生进行比较和转化。但是要注意，教师在选择文本的时候要精挑细选，严格控制文本数量在3~5篇。

2. 材料成组，关注材料之间的思维联系

在群文阅读教学中，阅读材料的组成需要逻辑的支撑。也就是说，教师可以根据课文的内容或者本单元主题所延伸出来的议题，选择一组材料，这组材料是对议题的印证，或者是对精读课文的巩固和强化。让学生在阅读的时候，能够找寻到一定的规律。还有一种材料选择方式是注重材料之间的互补性。也就是说，所选择的材料一定是和本节课或者本单元的主题在结构或者内容上有相似性的，但是其中也要有重要的不同之处，其作用是求同存异，帮助学生扩展理解。

我们在解读一篇文章的时候，可以选择一组材料帮助理解。也就是说，选文应该起到解释说明的作用。例如，在学习较难理解的课文时，作者运用了大量隐喻和暗语，导致读者在理解上出现困难，很难把握文章的主旨，这时候就可以选择一组说明的文章进行解释，以便学生理解。

3. 先读后教，注重学生个人的审美体验

学生在阅读的时候会有一个读者和文本的对话。作者在写作的时候是试图通过文本和读者对话的，但是由于文字呈现方式不同，读者受自身的经历和心理状态的影响，更多的是一种读者和文本的沟通。那么，在群文阅读教学过程中，教师设计群文时要有方法的指导，但是不要给出个人偏见或者明显的喜恶，让学生能够独立地、平和地阅读文章。在阅读的时候，教师也不要给学生过多的注释，要让学生在没有拐杖支撑的情况下，自己试着去理解文章、查找释义，熟练运用手中的工具去解决问题。最后应该注意的问题是，不建议在阅读开始的时候教师就向学生呈现大量的他人评价，而是应该让学生在阅读的时候根据自己的生活经验和成长经历形成自己的观点和个性化的评价标准。这样在群文阅读教学中，学生不受教师观点的影响，不受专家评论家的影响，只是单纯地作为一个阅读者直接和作品沟通，形成自己独特的阅读体验和审美情趣。

（二）高效利用课堂时间

学生在课前预习的时候，已经对将要学习的文本有所理解，但是这种理解是片面的、不完整的，这就需要在课堂教学中进一步去补充完善。在有限的课堂时间里，师生间互相配合，共同去提出问题、解决问题，精简课堂内容，着重解决重点问题，使得课堂时间更加高效地利用，达成更多的学习目标，是群文阅读课堂教学的任务。

1. 多角度设置议题，充分体现散文文体特点

在传统的教学模式中，教师在课堂上都是一个人在唱独角戏，课堂效果并不突出。群文阅读教学在实施的过程中，学生通过课前预习已经对所学文本有了基础理解，在课堂上师生之间分享彼此的观点和见解，解决相对简单的问题，进一步深化对文章的理解。接着，教师应该结合本班学生对课文的掌握程度，本节课的教学目标、教学重难点，进一步引导学生思考，师生之间共同寻找更有价值的问题，将问题设置成相应的议题，让学生在课下的时候通过查找资料、同学之间互相合作等方式进一步深化学习。

针对散文的学习，教师在把握议题的时候要贴合散文的文体特点，如在讲授《囚绿记》这篇课文的时候，可以将汪曾祺的《鹤》、毕淑敏的《像烟灰一样松散》、陆蠡的《竹刀》3篇散文一起阅读。在设置议题的时候，应该着重把握散文的语言、意蕴和情感等方面的特点，以及散文“形散而神不散”的结构特点。例如，语言方面，这4篇散文都有对景物的描写，但是写作语言风格却完全不同，有从不同的角度对“绿”进行细致描写的，有运用映衬手法渲染写少年成长中所见的神奇之美的，有运用精巧的比喻写烟灰的，还有用笔墨勾勒晨曦色彩和晚霞余晖的。这三种不同的语言运用给我们的感受也是不同的，或是心思巧妙，或是大气磅礴，但是这都集中反映着散文语言运用的独特魅力：凝练而优美。

2.细致比较不同名家解读，锻炼学生的思维能力

学生在阅读文本的时候受自身的生活实践背景的影响，会形成不同的解读角度。专家学者也是一样的，他们受自身的研究领域、个人的生活经验等不同因素的影响，在解读同一篇文章的时候也会有不同的侧重点。现在网络上信息复杂繁多，学生在筛选信息的过程中会占用大量的时间，并且容易受到不良信息的误导。所以在课堂上，教师可以事先筛选出更加可靠的、权威的名家解读，让学生在课堂中对这些阅读材料进行分析和比较。比如，关于课文《囚绿记》主题的解读，有以下几个基本观点：洪宗礼先生认为，“这篇课文是借赞美常春藤‘永不屈服于黑暗’精神，颂扬忠贞不屈的民族气节，抒发自己忠于祖国的情怀”；庄景秀则认为，这篇文章的主旨是“因为爱一样东西至于极点，便想把它牢牢占据，置于自己的控制之下，这是人类的共性，可爱而愚蠢。对那些有生命的东西来说，让它生活在最适合的环境，即是一种珍爱、挚爱”；第三种解读是宋如郊先生的“人性的迷失与回归”。学生可以通过对比和分析，看出这几种观点都是在表达某种冷静的思考，但是对于文学性的散文来说，并不一定要从理性的角度给出文章主旨，也有可能是作者的一种情感抒发。从这个角度看，教师可以试着引导学生去分析常春藤和作者同样是鲜活的生命，两者之间有什么共同点呢？对于常春藤来说，是被囚禁起来了；那么对于作者来说，是不是也同样被什么束缚住？以此为切入点，引入写作背景，引导学生在大的环境下体会作者的情感变化，感受散文的抒情性特点，提高学生的审美思维能力。

3.师生总结散文辞格特点，迁移运用提升写作能力

在课堂议题探讨的时候，教师一定要注意写作方面的引导。也就是说，要将写作目标、写作要求引进散文鉴赏教学中，如我们可以通过鉴赏多篇散文作品的写作技法获得写作的启示。师生可以试着从写作、修辞的角度设置议题，共同鉴赏散文写作中常用的修辞手法，挑选优美隽永的语句，品析语言运用的妙处，一起总结常用的修辞手法，最后仿写，教师要求学生的语言表达尽可能地生动形象、准确有力，指导学生在碰到“此情”“此景”的时候选择合适的修辞和语言进行表达。这种仿写不一定是完整的文章，可以选择模仿小的片段或者几句话，简单地完成一次写作修辞的迁移和运用。

（三）课后作业及成果展示

课后作业可以帮助教师有效地检测学生的学习情况，还可以引导学生课后复习，同时课后作业也是学生自主学习、预习下文及课外延伸的重要方式。在传统的语文教学中，课后作业的形式大多是写练习册，做大量的练习题，其目的多是为了巩固知识。群文阅读教学要求教师在布置作业的时候，要更加注意可操作性，注重学生的运用和生成，让学生在完成作业的时候对课堂所学内容有一定的反思，鼓励学生用不同的方式去展示自己的心得和想法。

1.充分利用课后习题，补充课文内容空缺

人教版教材的“研讨与练习”部分为学生的学习提供了一些思考的角度，也对学生的学习提出了进一步的要求。在这一部分，师生除了要着手解决一些基础的问题之外，还要灵活、充分地运用这些课后题，如《记念刘和珍君》一课中，课后的第四题“关于‘三一八’惨案，除本课介绍的之外，你还了解哪些？你对刘和珍、杨德群等受害学生了解多少？你还读过其他作家描写和议论这场青年学生请愿运动的文章吗？查找有关资料，做些归类、分析，拟出发言提纲，与同学交流、讨论。想想扩展阅读和交流探讨怎样深化了你对课文的理解，你受到怎样的启发，写一点心得体会”。这道题作为课后习题的最后一题，按照传统的授课顺序，这一道题应该是在课程最后作为课外扩展部分。但是在群文阅读教学法中，我们不妨调换一下顺序，将这一部分的内容拆开，在课前预习的时候尽力解决人物和背景方面的问题，让学生对课文有较为全面的了解。在课前阅读的时候做出个人解读，拟出发言稿，以备课堂上交流。上课的时候，学生分享自学成果，师生共同探讨学习，进一步归类整理，教师可以进行适当的补充，从而加深学生对文章的理解，最后引导学生结合自己的生活体验，完成从读到写的转化。

2. 强化散文阅读方法，引导自主群文阅读

群文阅读的实施是建立在大量的阅读基础上的，在课前准备和课堂实施中，我们的阅读是没有目的的，只需要简单地把握文章的中心主旨，形成自己的观点即可。在课堂上，学生之间通过讨论，加深对课文的理解，同时能够通过对比、快速浏览等方式来完成相关议题的研究。在这个基础上，学生已经掌握了相应的阅读方法，在课后练习部分，教师可以选择举一反三的练习方式，实现议题和现实建构的触类旁通。

在练习中，教师可以设置一些阅读问题，考查学生对散文阅读方法的掌握。例如，在课堂上师生通过总结得出散文的一般思路是：缘起—描绘—联想—感悟，但是不同的散文有不同的行文思路，精读课文为写人叙事的散文，那么课后习题就可以设置为抒发情感类的散文，引导学生以一般的思路为指导，继续阅读新的、更多的散文，以补充、丰富和深化对一般散文阅读思路的认知。除此之外，教师可以在布置课后阅读的时候，适当添加关于文本的背景和人物的补充内容，锻炼学生筛选有效信息的能力，以求学生将笼统的认知和语言材料相对应，得到更多的提升和感悟。课后练习应该注意从领会语句丰厚意义的角度设题，注意语句的表层意义、语境意义和句外意义；还要注意对常用的修辞手法进行分析，如比方、反语、双关等。总体来说，群文阅读教学的课后作业就是学生运用课堂所学知识的实践。

3.尊重个性化的解读，探寻文本多层意义

群文阅读教学除了要重视学生阅读方法的培养以外，还要注意学生阅读思维能力的提升。这就要求教师在设置课后作业的时候，着重点应该放在“读得怎么样”上。除此之外，课后习题要注重培养学生的创造力，如果学生能够有理有据地提出新颖的解读，那么教师应鼓励学生和同学分享想法，并进一步探讨，激发学生的想象力和创造力，寻找对同一文本的个性化解读。教师还可以鼓励学生寻找文本中“不确定性”和“空白之处”，激发学生的求知欲和探索欲，让学生尝试从不同的切入点去分析文章，引导学生将文章中的人物和事件放到不同的背景和环境中去感受，得到文章多元但是有界限的解读。

教师在设置课后作业时，还可以尝试将多学科内容融合在一起给学生设置一些问题，让他们试着从不同角度着手解决问题；还要鼓励学生在解读文章的时候，与生活、社会实践相结合，这就要求教师在设置课后作业的时候要以学生的生活背景为起点，引导学生将所学所想运用到日后的生活中去。

4.采用不同的表现形式，鼓励创意展示结果

群文阅读教学法更加侧重学生读的感悟，相应的课后习题和监测评估都应以此为出发点进行设计，所以课后作业的形式可以不拘泥于书面形式。教师可以布置一些与反思、辩论有关的问题，让学生查找资料，有针对性地辨识和提取有效信息，再进行比较和整合形成论据，最后提炼出自己的观点，在小组中展示。组内同学思想碰撞后，寻找到值得研究的分论点，和教师一起分析和探讨。这样，完成作业的过程就是一整套将语言材料加工成逻辑思维的过程。

除了辩论这种形式之外，还可以选择演讲、表演等形式让学生展示自己的观点。这种展示也可以是多学科结合的，可以是文学和音乐的结合，也可以将文学表现形式和电影的表现形式进行对比，还可以将化学分子的结构链条和文学写作的重点联系在一起，呈现作业结果的多元化，这个过程既是一种作业的展示，也是一种思维的运用和结合。教师还应该鼓励学生的创意制作，可以自选题目，也可以由教师设置题目，给学生足够的空间，动手设计或者制作一个新型的东西。

第四节　高中语文小说群文阅读教学基本策略

一、教师根据议题组合文本

（一）议题思路的解读

全语言理论认为，教学应该始终围绕着特定的主题或议题展开，将不同的文本按照一定的议题组合起来进行阅读教学，而议题的好坏关系着群文阅读教学的质量，关系着能否充分调动学生的阅读积极性。因此，教师在确定群文阅读的议题时，一方面要以教材为依托，不能完全舍弃高中既定的教学目标；另一方面要考虑学生的需求和发展，不能脱离学习的主体随意确定议题。

以议题“对小说叙事视角多样性的探讨”为例，这个议题的确定以人教版高中语文选修读本《外国小说欣赏》为依托，希望学生通过选文从不同角度了解小说的叙事视角，比较小说不同叙事视角的表达效果，从而丰富学生的阅读体验，同时希望学生能够在写作中尝试运用不同的叙事视角，掌握多样的表达方式。

议题“文系乡土话乡情”是以人教版高中语文必修五的《边城》为依托确定的，考虑到学生对小说三要素的分析并不陌生，如果关于《边城》的教学还是从小说的人物、情节和环境出发，难免落入俗套，激发不了学生的阅读兴趣，故确定此议题，希望学生能从中学到作者在表达乡土情怀时选择的不同切入点，以便于学生之后多思维、多角度写作。

（二）文本组合的原则

全语言理论的一个基本特征是教材要源于生活和经典，要保证教学内容的多“源”化，即用真实的读物代替统一的教科书，将教学内容的选择延伸至课外。因此，在群文阅读的课堂上，教师根据议题组合文本时要敢于打破教材的禁锢，不仅可以确保选文来源的多样性，还能够在有限的课堂时间内增加学生的阅读量。比如，教师可以以教材为依托，参考其他版本的教材或者教师自身平时积累的素材来组合文本。正是因为群文阅读要求教师根据自身的教学经验和平时的积累来组织教学文本，所以就要求教师有专业发展的主动性，有不断丰富自身阅读量的意识①。

根据议题“对小说叙事视角多样性的探讨”组合的文本有《桥边的老人》《山羊兹拉特》和《祝福》。这个议题下的选文既有外国小说，又有中国小说；既有选修课本上的小说，又有必修课本上的小说。这样的选文组合，既满足了学生对中外小说喜好的不同需求，又将必修与选修巧妙地衔接在了一起。

根据议题“文系乡土话乡情”组合的文本有《边城》《散戏》《哦，香雪》，这个议题下的选文较好地体现了群文阅读选文来源的多样性这一特点。其中，《边城》选自人教版高中语文必修五，《散戏》选自中国台湾《高中国文》第四册，《哦，香雪》则选自粤教版高中语文教材。不同地区、不同版本的教材在选文时会有不同的考量，如《散戏》就具有浓郁的中国台湾文化色彩，这样的选文组合在保证学生的阅读数量的同时，还能让学生体会到不同作家的表达方式，领略不同的地域文化。

二、学生自主阅读交流分享

（一）保证自主阅读的充分性

全语言理论重视学生在课堂上的讨论及学生语文能力的发展，提出

①谷沛泽．高中语文小说群文阅读教学策略研究[D]．哈尔滨：哈尔滨师范大学，2021.

课堂教学应该充分发挥学生的能动主体地位。为了能够实现群文阅读在高中语文阅读教学中的预期目标，如改变教师的阅读教学观念、改变阅读教学内容的侧重点，教师要将课堂归还给学生，让学生的自主阅读代替教师的满堂灌。但为了不让学生的阅读流于形式，教师要保证学生自主阅读的充分性，在学生自主阅读时要留给学生充足的阅读时间，也不要试图引导学生向预设的教学目标的方向来思考。

例如，当学生在阅读“对小说叙事视角多样性的探讨”的群文文本时，教师向学生介绍了何为叙事视角、叙事视角的分类，以及如何判断文本采用了何种叙事视角等知识后，要将剩余的时间留给学生进行自由阅读，并且教师还要给予学生自主分配群文文本阅读时间的权利。比如，有的学生喜欢外国小说，他就会花大量的时间详细阅读《桥边的老人》和《山羊兹拉特》，在有限的课堂时间内只能略读《祝福》了。当学生在阅读“文系乡土话乡情”的群文文本时，大多数学生出于好奇心可能会选择读《散戏》或者《哦，香雪》，这时教师要充分尊重学生的选择，不能因为在之后的交流分享时没有学生选择《边城》就强行分组要求学生阅读不同的文本。

（二）保障交流分享的有效性

为了避免学生阅读的盲目性和随意性，教师会让学生在自主阅读结束后交流分享他们对一些问题的看法，而这些问题要尽量设置在学生的“最近发展区”内，以激发学生思考和讨论的热情。但为了避免在交流分享的过程中少数学生的不参与及浪费课堂时间的情况出现，教师要充分发挥其在课堂教学中的主导作用，善于引导和督促学生积极思考、热情参与讨论，从而保障学生交流分享的有效性。

例如，当学生在分析议题“对小说叙事视角多样性的探讨”的群文文本时，有些同学可能还没完全掌握叙事视角的有关知识，因而在交流分享时怕表述错误或出现与其他同学意见不同的情况，就会选择逃避交流。这时，为了保障交流分享的有效性，教师要鼓励学生勇于交流，要让学生明白在与其他同学进行交流分享、思维摩擦时会加深对某一个知识点的理解与把握。当学生阅读完“文系乡土话乡情”的群文文本后，要交流分享他们体会到的作者的乡土情怀，以及作者选用哪些切入点表达乡土情怀时，由于学生的生活背景和教育背景有一定差异，因而对这种话题会有深浅不一的感受。为了保障交流分享的充分性和有效性，教师要鼓励每一个学生积极表达自己的想法。

三、学生读写结合，合作建构

（一）独立阅读，主动思考建构

群文阅读要求学生在单位时间内阅读一定量的文本，因此学生必须自主地加快阅读速度，拓展课外阅读。还需要学生平时对原有的阅读经验有一个很好的自主梳理过程，在平时的学习过程中要做好读书笔记，建构自身原有的认知结构，在课前适当地进行旧知识的回顾，并对即将面对的阅读材料进行预习。在群文阅读课堂上，需要学生主动思考，进行旧知识的迁移运用，向教师和同学们表达自己的看法。课后，还要主动整理课堂内容和阅读策略、方法，对感兴趣的内容做进一步的探究建构，完善原有的认知结构，为下一次的群文阅读做准备。

（二）合作探究，参与集体建构

群文阅读的集体建构性质决定其需要进行合作探究，小组合作成了群文阅读的主要手段。由于学生在群文阅读课堂中所面对的是多元的文本，以学生之间的建构分享为主，因此倾听和表达在交流合作中尤为重要。在其他伙伴表达想法时应认真倾听、取长补短，学习其他同学的表达方式和归纳方式，以改进和完善自己的思维方法。另外，在群文阅读过程中应主动交流，发挥自己在集体建构中的作用。在表达自己意见时，应尊重他人意见，不随意否定其他同学的看法，学会转换角度思考问题，帮助完善小组建构的内容。

（三）读写结合，做好阅读批注

在多文本组合阅读的情况下，由于阅读量的增多，陌生文本与熟悉文本的组合容易让学生在阅读过程中产生熟悉点与陌生点，而这些熟悉点与陌生点恰恰与学生的原有认知图式与文本图式相关，对于发展新的思维能力、提升思维品质具有关键作用。此外，面对多样文本，学生经常会出现灵感突然降临的情况，在进行想象联想的情况下，甚至时有“顿悟”发生，顿悟“人人心中有，个个笔下无”的文本奥妙之处，顿悟文本与文本之间的异同秘妙。这些内容都是学生对文本的直观感受和领悟，有的时候是稍纵即逝的，但是对知识框架的完善和新知识的建构却具有重要意义。因此，在群文阅读过程中学生应多动笔头，将“随文而生”的“意”及时记录下来，做好旁批，提要钩玄，避免思维火花转瞬即逝和遗忘。

批注的内容可以是对文本的直接感受、向文本外联想的内容、对价值判断的质疑、认为需要补充的内容、总结和归纳的内容等。批注的位置可以在特殊的表达处、留白处、因果处、矛盾处，可以批注在行间，也可以批注在页眉、页脚等地方，批注的形式可以是词、句、段甚至是篇。这样即使在群文阅读的课堂里没有时间将个体的疑惑和阅读感知一一进行分享，课后学生也可自行查阅资料进行拓展阅读和交流，这样语文学习的时间就不仅仅在课堂内，而是延伸到了课后。学生原有的视域决定了他面对文本时的所见、所感、所思，也呈现出见所未见的内容，学生在群文阅读时进行批注能够实现读、思、写的有效结合。另外，学生批注其所发现的内容，反过来也能带给教师一定的启示，让教师进一步完善对文本的认识和对学情的掌控，从而促使其不断完善群文阅读的教学计划。

第五章 核心素养视域下高中语文写作教学

第一节 核心素养对写作教学提出的要求

语文学科核心素养是学科育人价值的集中体现，重点强调了要让学生在真实的语言活动中运用并建构个体言语经验，形成思维方法和思维品质，培养审美情趣和文化感受能力。下面就依据对核心素养的内涵解读，从理念层面上厘清写作教学应当如何去做，应当规避什么样的问题和误区，明确基于核心素养育人目标的写作教学方向和要求。

一、基于核心素养的高中阶段写作教学

（一）“语言建构与运用”方面

《普通高中语文课程标准（2017年版2020年修订）》中明确了语文学科核心素养的整体性关系，特别指出“语言的建构与运用”是发展思维、培养审美情趣和文化感受能力的基础，也明确了语言素养在四个核心素养中的基础性和重要性。语言建构与运用明确了语文学科的工具属性，语言的建构与运用能力也直接影响了思维、审美和文化传承素养要求的达成。所以教师在高中阶段的作文训练中要落实好语言能力培养的基础地位，而不能越过“地基”盖高楼。

“语言建构与运用”从语言的积累与建构、表达与交流、梳理与整合三个方面具体阐释了语言层面上的育人目标。从写作教学方面来讲，应当让学生在活动与实践中积累言语经验，形成良好的语言感觉，能够充分解读文字材料的内涵，在言语实践中落实具体情境的要求，能够整合信息，言辞达意地表达自己的观点和看法，从而达到锻炼语言交流与表达的能力。基于语言建构与运用素养方面的要求，教师要循序渐进，打好语言“地基”。首先应当加强写作知识的讲解传授，不能忽视语言文字基础运用的专项训练，例如字词训练、语句训练、语法训练和修辞训练；其次基于语文的工具属性，应当加强对各类应用文体特点的分析和讲解，例如书信体、演讲稿等格式和用语；最后抓好日常素材积累，引导学生发掘写作素材，拓宽、拓深文章内涵①。

（二）“思维发展与提升”方面

《普通高中语文课程标准（2017年版2020年修订）》在“表达”部分特别指出了写作教学在思维能力培养方面的要求，培养学生的形象思维，鼓励学生的思维创造力，激发学生的个性化和创意化表达。其中强调了“创造力”“个性化”的思维特质，这启发教师在写作教学过程中要着重培养学生的创造性思维和个性化思维，有效激发学生写作激情，点燃思维的火花，将写作的立意与构思从陈旧的俗套中摆脱出来。

“思维发展与提升”具体包含三层目标，即增强形象思维能力、发展逻辑思维、提升思维品质。在以往的教学经验中，我们常常认为形象思维要低于逻辑思维能力，不是高中学生写作训练的重点，但这是一种误区，形象思维并不与逻辑思维有高下之分，在写作中也占有一席之地。形象思维要求学生在写作中能够形成自己的直观体验与感知，在表达交流活动、阅读鉴赏活动中运用联想、想象能力，进一步丰富自己对生活经验的感知和认识，成为自己写作的知识资源和情感资源。逻辑思维强

①张苗．核心素养视域下高中语文写作教学实践策略研究[D]．上海：华东师范大学，2023.

调比较、辨析和归纳能力，能够准确表达自己的观点，能够运用批判性思维来审视文本，教师在教学活动中应当要注重学生对文本材料的分析理解，培养学生批判和辩证眼光，能够用语言文字准确的论证，阐明思想观点。

（三）“审美鉴赏与创造”方面

《普通高中语文课程标准（2017年版2020年修订）》对“审美鉴赏与创造”这一素养的内涵作了具体的说明，语文教学活动应当包含审美层面的体验与评价活动，以此实现“形成正确的审美认识”“培养健康向上的审美情趣、鉴赏品位”，“掌握表达美、创造美的方法”的审美育人目标，换句话说就是学生要能够发现美、欣赏美、表达美和创造美。教师应当围绕审美鉴赏和创造素养目标，着重通过文学作品进行审美教育，增强学生对美的感知体验、鉴赏文学作品、能够进行美的表达和创造，引导学生发现语言文字之美，感受汉语言文字之美，让学生在鉴赏与体验中形成良好的审美品位和价值判断，并且将这种价值判断和审美品位转化为语言实践，表达自己的态度观点。

（四）“文化理解与传承”方面

语文学科是兼具人文性与工具性的学科，其中人文性就是指向人的情感品质。关于文化传承与理解在核心素养中的意义，王宁教授有很好的阐释，他认为文化渗透在每一个学科中，但语文学科的特殊性在于其自身就是一种重要的文化现象，而不仅仅是文化的载体和传播的基础工具。因此文化生活是语文课程必须关注的实践课题。

《普通高中语文课程标准（2017年版2020年修订）》对于“文化理解与传承”素养的三个课程目标的阐述“传承中华文化”“理解多样文化”“关注、参与当代文化”，强调了这样几个关键词“选择与继承”“意识与态度”“关注与参与”“包容与借鉴”，这就要求写作教学要加强对优秀文化传统的继承与发扬，增强民族自信、文化自信，在教学过程中让学生自觉热爱认同中华传统文化，主动做传统文化的“继承者”和

“发扬者”。新课程标准对于文化层面上的育人要求，启发教师在写作教学过程中也应当增强对文化理解与传承层面的重视，将文化理解与传承贯穿于教育教学过程中。

二、统编教材写作教学任务分析

统编语文教材是新课程标准思想的直接载体，也是落实教育理念的重要保障途径，也是语文教师开展写作教学的重要工具。统编版教材相较于人教版教材来讲，最明显的特点就是编排结构的改变。人教版普通高中语文必修教材将教学过程分为四个模块，即阅读鉴赏、表达交流、梳理探究和名著导读。写作框架由教材的写作专题、研讨与练习和课外延伸三部分组成。统编版教材（必修）中的写作部分不再是单独的板块，而是将阅读与写作融合在一起。在统编教材中写作部分内容体现在语文教学的全过程，在课本的“学习提示”“单元学习任务”和课文后的补白都涉及了写作知识和写作任务。下面对统编必修上下两本教材中的写作任务进行梳理，探究写作任务背后的能力训练点，从而能够更好地指导写作教学开展，达到写作育人目标。

（一）统编必修教材写作教学任务

1.写作类型与形式

教学任务首先需要明确教学的写作类型和形式，例如议论文、说明文、记叙文、应用文等。

学生需要了解每种类型的特点、结构和语言表达方式。

2.写作技巧与方法

教学任务包括传授写作技巧和方法，如如何构思、如何组织思路、如何展开论述、如何运用修辞手法等。

针对不同类型的写作，要指导学生掌握相应的写作技巧，如辩证思维、逻辑推理、事例论证等。

3. 文体特色与要求

根据教材内容，明确不同文体的特色和要求，例如古文的典雅、现代文的简洁明了等。

指导学生理解不同文体的风格特点，并在实际写作中加以运用。

4. 阅读与写作的结合

教学任务需要结合阅读教学，通过解析优秀范文或文学作品，引导学生模仿优秀的写作风格和技巧。

鼓励学生进行广泛的阅读，积累写作素材和经验。

5. 写作实践与反馈

安排写作任务，让学生进行实践，从中提高写作能力。

提供及时有效的反馈，帮助学生发现和改正写作中的问题，促进写作水平的提升。

6. 跨学科与实用性

教学任务可以将写作与其他学科结合起来，例如历史、科学、社会等领域的写作任务，拓宽学生的写作视野。

强调写作的实用性，指导学生掌握应用文写作的基本要求，如书信、申请书、报道、说明文等。

7. 个性发展与创新意识

引导学生发挥个性特长，培养他们的写作兴趣和创造力。

鼓励学生在写作中展现独特的见解和观点，培养创新意识和批判思维。

8. 评价标准与指导方针

制定清晰的评价标准，帮助学生了解写作的评价依据和要求。

提供指导方针，指导学生如何根据评价标准进行自我评估和反思，持续提高写作水平。

综上所述，高中语文统编版必修教材的写作教学任务需要从多个方面进行梳理和规划，既要注重技巧方法的传授，又要结合文本阅读和实践，培养学生的写作能力和综合素养。

（二）统编必修教材写作教学任务特点分析

1.与阅读结合更加紧密

相比于以前所使用的人教版写作任务编排方式，统编版更加重视阅读与写作的紧密联系，阅读的篇目不仅是阅读材料，同时也是写作教学的材料。在阅读与写作学习任务群中这样建议，要综合运用多种阅读方式，将学生置身于所创设的阅读情境中，在引导和激发学生的阅读兴趣的基础上，进行鉴赏和写作活动。其中明确指出了阅读的重要功用之一就是引导写作。例如在必修上册第一单元“青春的价值”所选篇目是现代诗歌，单元的写作任务便依据诗歌鉴赏知识，结合自己的阅读体验，完成一首诗歌创作。阅读诗歌，从中获取了关于美、关于诗意的感受，成为写作的资源和动机，而写作诗歌的过程同样也是对诗歌知识的进一步掌握，对诗歌内涵的进一步领悟。

2.注重能力养成

在写作教学任务中，可以发现对学生学习能力培养的重视。例如让学生学写读书札记，对自己所掌握的知识进行系统的梳理，这就是在锻炼学生的自主整理、归纳学习能力。同时还有写作思路指导，明确说明写作要求，为学生搭建思路的台阶，培养学生分析和解决问题的能力。除此以外，部分写作任务要求采用小组合作形式，集中智慧，共同完成一项复杂的写作任务。例如在家乡文化生活单元中，要求学生小组合作完成一份调研报告，这样的写作任务也培养了学生合作学习的能力。

3.文体多样化，微写作任务多

以往的高中阶段写作教学在高考的导向下，以议论文为学习和训练的重点，除此以外还有书信体、演讲稿等实用类文体也作为应试训练的主要文体。但是在新课程标准下，基于核心素养的育人目标，写作教学任务更加丰富、多样化，诗歌、散文、小说、学术报告、说明文等文体都进入到了高中写作训练序列中，写作任务更加多元化，能够一定程度上激发起学生的主动性和热情。单元正式写作任务中也穿插了不少“微型写作”，例如语言札记、文学短评等，让写作更加“平易近人”，没有800字的篇幅限制，更能让学生的写作回归到表达本身。

4.情境化特点突出

核心素养的内涵不仅体现在统编教材中阅读与写作的高度融合，还体现在理论与实践的结合。统编必修教材上册和下册均设综合实践单元，写作任务与现实联合紧密，基于真实的实践活动设计写作任务，将写作话题从脱离社会生活实际的、抽象笼统的、指向不明的话题转向为贴合生活实际的、具体的话题，综合性强，要求更高，能够有效激发学生的表达欲望和写作兴趣。

5.紧密结合时代特征，新增跨媒介写作任务

在统编必修下册“信息时代的语文生活”单元中，设置了基于不同传播媒介的写作任务，或撰写视频画外音文稿，或设计直播脚本，这些出现在教材中的“新鲜事物”将知识学习与生活经验结合在了一起，具有鲜明的时代性，培养学生在信息化时代下的多元表达能力。新课程标准中“跨媒介阅读与交流”学习任务群中也强调了要让学生通过课程学习，熟练掌握对信息的获取、判断、筛选、处理和运用，并且能够灵活地通过不同媒介进行有效的交流与表达。

第二节　基于核心素养的写作教学策略实施

《普通高中语文课程标准（2017年版2020年修订）》提出的四个核心素养并不是单一并行的，而是交互的、相融的，写作教学活动中，写作任务和所指向的培养目标并非一一严格对应，因此写作教学策略不能以单一的某一核心素养的培养为教学目标。本文基于核心素养的育人要求，分析写作教学现状的问题和不足，有针对性地提出写作教学策略，以期对当前的写作活动实践有所帮助。

一、强化阅读指导，向好文学作文

叶圣陶先生曾对“读”与“写”密切关系做了准确的描述，他认为读与写关联紧密，相互促进，都是在思维的运用下进行的文化活动，都内含着知识文化和生活经验。基于长久的阅读与写作经验来看，阅读能够有效促进写作能力的提升，“以读促写”策略具备一定的科学性，值得深入研究①。

“以读促写”的写作教学方法并不新鲜，很多一线教师在教学活动中也在使用，但常常效果不明显，探究背后的原因和问题，才能更好地达到“以读促写”的目的。开展“以读促写”教学活动，首先要明确教学活动的“目的”和“手段”。“以读促写”中“读”是方式方法，“写”是目的，不少教师在教学活动中常常颠倒混淆这二者，教学目标不明确，影响写作效果，最终导致学生的写作能力很难有提升。其次，“以读促写”教学活动中，教师的指导不够具体、可操作性不强。教师常见的做法是讲解阅读篇目过程中穿插写作知识点，例如某篇阅读材料的表现手法值得借鉴学习，提醒学生从写作角度加以学习。但这种方式让学生获得的是一些鉴赏文章的技巧知识诸如“直接抒情”“叙议结合”等专业名词，这些“知识概念”很难直接转化为写作能力。教师还运用“仿写”手段来促使学生从名篇好文中学习写作特点，“仿写”的主要对象往往是一些运用好手法、好修辞的句子，而对完整的段落章节模仿相对少，对朴素却意蕴丰富的语句模仿少。长此以往对学生谋篇布局结构能力得不到训练，过度追求“金句”对语言的兴趣也会遭到扼杀。最后，“以读促写”还存在一个明显的弊端，就是写作知识完全跟随着阅读篇目来走，阅读材料只能提供有限的知识点，学生难以形成较为系统的写作知识体系。

①张馨木．语文核心素养视域下高中作文教学的策略[J]．汉字文化，2024(04)：141-143.

“以读促写”的写作教学策略虽然在实践中存有不足，但也有可为空间。阅读材料是学生写作的范，教师应当基于核心素养要求，挑选、发掘阅读材料的训练点，灵活使用“以读促写”教学策略，以达到学生核心素养和关键能力的培养目标。

（一）在阅读中积累，重视内化吸收

学生写作常常出现的一大问题就是内容空洞、老调重弹，很大原因来自于学生缺少写作素材，但是阅读则可以为学生提供直接或者间接的写作素材。

在阅读中积累，一方面是知识性内容的积累，教师要做好积累方法的指导。常规的好词好句、名人故事的积累对学生的实际写作效果并不明显，甚至于学生为了能用上自己的积累而在作文中生搬硬套。教师应当重视积累的方法手段，将学生机械的“誊抄式”积累转变为整理式积累，指导学生系统地整理和归纳阅读材料，实现知识的结构化，将阅读经验转化为具体的方法和策略，自觉运用于语文实践中。例如统编必修上册第一单元“青春的价值”包括5首现代诗歌，教师可以结合单元教学任务中“读书札记”的微写作训练，要求学生记录和整理自己在诗歌阅读中的心得体会，学生在此过程中对阅读内容有消化吸收，也在无形中积累了写作素材。

（二）深挖阅读材料，找准“促写点”

教师精选阅读材料，让学生在文学作品的熏陶中，学习了解到更多的语言模型，在经典阅读中增加文化认同，在欣赏美的过程中获得审美体验。面对海量的阅读材料，教师首先根据不同文章体裁、特点，以写作能力提升为目的加强阅读方法指导。学生不仅需要理解文章写了什么，更要清楚文章是怎样写的。在新课程标准中也明确了掌握不同体裁文学的写作要求，积累不同体裁的文体知识能够帮助学生创作自己的文学作品。诗歌的特点是情感与想象丰富，语言含蓄凝练音韵和谐，教师应当指导学生调动真实的生活经验，引导学生结合真实的情感经历和学习体验展开想象和移情。散文形散神聚语言优美，教师在进行散文写作指导时应当明确所写内容和主题，引导学生体会饱满而真挚的情感。议论文着重引导学生分析论证逻辑和素材运用，小说引导学生分析如何塑造人物形象、叙述故事情节、描写典型环境和艺术技巧的运用等。在讲授中国古代史传典籍时，引导学生了解时代史实人物事迹，对历史人物身上的才华品德产生价值认同，鉴赏古代文字的叙事艺术。

其次，教师应当明确认识到阅读材料的写作价值在于何处，基于写作核心训练点设计写作任务。统编版必修上册第一单元包含5首现代诗歌和两篇小说《百合花》《哦，香雪》，有教师直接以“青春的价值”作为作文题目，让学生完成一篇习作。这样的写作任务虽然与阅读经验紧密相连，能够让学生联系所学书写所思所感，但从写作能力提升的角度来讲却是效果不大。对于高中阶段学生来讲，谋篇布局、艺术技巧等写作能力的重要性要高于语言词句，在单元学习后，教师可以依据不同语篇的特点布置写作任务，例如引导学生学习《百合花》中从细小处着眼的表现人物方法，领略战争年代的人性之美。学习《哦，香雪》中通过赋予小物件以时代含义来表现大主题的写作方法。

（三）依据阅读材料，多形式的写作训练

依据阅读材料，开展多形式的写作练习，包含仿写、缩写、扩写、续写、改写等写作练习。仿写，可以借鉴范文的话题、篇章结构、艺术技法、语言风格等进行写作；缩写，也可以理解为梗概，训练学生从范文中提取主要信息、简洁表达的语言能力；扩写和续写，学生需要依据范文内容进行合理的扩展想象，对于范文语体特点、语言风格都会有所掌握；改写，可以训练学生采用不同的文体样式或表达方式来改写文学作品。

以上的写作训练方式应当结合范文特点灵活采用，适合“仿写”的写作体裁有诗歌、散文，例如让学生仿照《再别康桥》的主题和形式写一首现代诗歌《再别××》，例如让学生仿照汪曾祺、郁达夫、史铁生的

散文特点，完成一篇或者一段写景抒情文字；“改写”可以是让学生改造经典故事，学习鲁迅的《故事新编》，可以是单篇训练，也可以是语段训练，可以有效地促进学生语言建构与运用素养的提升。

二、设置写作情境，激发写作兴趣

在写作现状调查中学生的习作普遍存在着空话泛滥、无病呻吟、胡编乱造等问题，探究这些问题背后的原因，不难发现学生写作缺少真实的情感体验，教师布置写作任务不合理等问题。从教师开展写作教学层面上来看，写作任务如果脱离丰富真实的生活，就会变成一种表达目的模糊不清的“虚假”写作。这种“虚假”并不是说写作活动是假的，或者欺骗性质的、不存在的，而是说学生的写作动机、目的是虚假的，学生不知道写什么、写给谁、为什么而写，在学生心中真实的读者、写作对象其实只有批阅作文的老师，这种认识下很难产生真实情感和表达的欲望。

《普通高中语文课程标准（2017年版2020年修订）》“核心素养与课程目标”章节中提出了相关要求，学生要能够针对不同的语言情境和言语对象，进行有效、得体的表达交流。学生的写作不论是抒发情感还是表达观点，都伴随着情感活动，应当有真实的情境和对象。教师如果能够基于真实的体验感受基础上去设计写作任务，有明确的阅读对象，就能够在很大程度上激发出学生的表达热情，进而提升写作能力。

（一）设置真实情境，增强写作体验

《普通高中语文课程标准（2017年版2020年修订）》强调了发展和培养学生的核心素养，应当借助一定的载体，即“真实而富有意义的语文实践活动情境”，启发教师积极搭建相对真实而具体的表达空间，将写作从课堂上解放出来，拓宽写作能力的培养方式。

结合对统编教材写作任务的梳理，能够很清晰地发现作文题目情境化特点。例如盘点家乡文化生活中的人、事、物，引导学生将自己置身于家乡文化场域，勾连起家乡情怀，撰写一篇《家乡人物（风物）志》，

这样的作文题目有具体的表达情境和表达目的，相比于“请以×××为题，撰写一篇文章，字数不少于800字”的作文题目来讲，写作的真实性提高了，学生的写作兴趣也会被激发出来。

真实的实践情境有利于激发写作兴趣。教师可以将写作训练灵活转化为实践活动的一部分，让写作任务生动、丰富起来。例如开展学雷锋实践活动，让学生以小组为单位设计一则活动横幅标语，让活动更具仪式感，激发学生的参与设计标语的热情。还可以撰写新闻纪实，引导学生将活动的所作所为、所思所感记录整理下来，编辑成册记录在班级大事记记录本中。例如在参观博物馆或者地质馆等研学活动后让每个学生选择其中一个文物或者矿石写一段解说，可以是知识性的，也可以是感受性的，最后集结成册。教师还可以结合地域文化，发掘写作课程资源。例如教师可以结合统编必修教材综合实践单元“家乡文化生活”，让学生分小组确定研究主题，可以是结合地域历史文化确定主题如特色美食、历史探秘、红色老区、山区人民的生存调查等等，让学生自主设计开展形式，在调研访问、整理归纳的基础上完成写作任务，如撰写调查报告。

学生丰富的体验感受和知识积累是完成写作练习的基础和动力保障。教师也需要提供真实的展示平台与机会，例如举办原创诗歌朗诵比赛、为歌曲填写歌词比赛等活动，鼓励学生在实践活动中积极参与、积极尝试，不断提升对语言文字的兴趣与喜爱。

（二）明确读者意识，强化写作目的

郑桂华老师对读者意识的概念作了这样的界定，她认为写作要具备读者意识，就是要在心中确定明确的阅读对象和表达目的，这样能够帮助写作者确定合适的语言表达方式，有效进行语言表达和交流。如何将抽象的写作技能训练转化或者还原回语言交际能力提升过程，教师可以从写作话题、写作地点、写作主体、阅读对象等层面来实施。写作话题的设计要紧密贴合学生的生活实际，具体而指向明确，例如校门口开设

小摊问题、课外活动问题等；写作地点由考场氛围、作业氛围转变为生活表达氛围，例如辩论会、演讲宣讲等；写作主体由学生身份转变为志愿者、记者、讲解员、导游等；阅读对象由教师转化为等待帮助的人、外地的游客等。写作教学任务的设置如果能注意到这几个层面，就能够更容易实现能力的转化提升，因为有了“读者对象”，也有了“写作目的”，学生就能从考场或教室的表达环境中脱离出来，或是阐明观点表达态度，或是沟通劝说讲解道理，这样的写作活动实践可以激发学生表达的欲望，完成的习作也会更加生动。

写作教学中，有一些表达模式能够强化学生的读者意识。例如书信、演讲、访谈、辩论等，采用这类文体写作，学生会不由自主地考虑到阅读对象。以2019年全国2卷的高考作文题为例，题目设定了5个具体的写作情境，让学生认领写作任务，并设定了学生的写作身份和写作对象。学生在思考作文内容时，依据明确的“阅读对象”和“写作目的”，可以采用访谈模式列出写作提纲，如选取任务一“1919年5月4日，在学生集会上的演讲稿”，可以从这样几个问题入手，打开写作思路：

1919年发生了什么？

我们青年学生有什么样的责任使命？

作为青年学生具体应该怎样做？

这种自问自答的访谈形式，把写作过程嵌入一个真实而且具体的交际语境中，可以激发出学生真实自然的表达。

三、搭建思维阶梯，加强过程指导

语言文字是思维的表现载体，对于语言文字的运用一定程度上也是思维能力的表现。学生习作存在着思考不够深入、结构逻辑不清等问题。例如前后说法不一致甚至互相矛盾、分析缺少合理性无法论证观点、对事物的看法过度拔高或贬低……这些问题在学生习作中屡见不鲜，要想得到解决就必须提升思维能力。在写作教学的发展过程中，思维的训练一直以来都备受重视，也大有可为。

（一）分阶段分梯度，写作训练序列化

“思维发展与提升”核心素养包含增强形象思维能力、发展逻辑思维、提升思维品质三层课程目标，这三层目标层层递进，要求学生在写作中能够形成自己的直观体验与感知，对文本材料要进行分析比较，进而将知识与实践结合，将理性与感性融合，实现思维品质的提升。教师应当根据学生思维发育的阶段性特点、思维发展目标的层级，制定教学目标和计划。

就此有人提出了“双分”教学法，以语文学科知识为线索，将思维训练融进写作能力培养中，把写作思维能力划分为说明、记叙、论述、文言文阅读和文学作品鉴赏等五种能力，根据能力的要求进行分阶段训练。这种分类、分阶段训练对学生认知进行序列化排列，能够改善写作教学知识和训练分散化的现状，从而促使思维进阶。文体类型不同，表达方式不同，写作该文体的主要思维方式也会不同。现将几类主要训练文体的特点和所对应的思维训练内容做大致的梳理。

表5-1　文体—思维能力对照表

文体	内容要素	思维类型	思维训练内容
叙事类	人物情节 环境主题	形象思维	人物鲜明 情节生动 环境典型
说明类	特征结构 功能原理	逻辑思维	介绍条理清晰 整理归纳准确
议论类	思想观念 态度认识	逻辑思维 批判性思维	观点鲜明 论据合理 论证有力

教师根据学生思维发展的特点，分阶段、分梯度安排写作训练。在第一阶段以训练学生形象思维为主，写记叙类文章：怎样写人（凸显人物个性）、怎样叙事（写出事情的波澜）、怎样写景（表现景的特点）；第二阶段开展逐步进行逻辑思维训练，写说明类文章：怎样抓住特征、怎样用好语言、选好说明方法；第三阶段进行逻辑思维训练，写议论文类文章：如何确定论点（如何分析推理材料）、如何安排说理结构（掌握结构形式）、怎样论证论点（掌握论证方法）。以文体作为写作教学序

列的安排依据，是让写作教学有序化的一种方式，在训练中帮助高中学生思维能力逐层进阶。写作知识的序列化是教师在安排写作课程时需要不断靠近的方向，但要想搭建一个结构宏伟、逻辑严密、知识全面的写作知识框架很难，需要牢牢聚焦写作教学核心知识点，将关于写作的知识，例如文体类型、表达方式、艺术技巧等，按照一定方式进行序列化排列，只求大体有序，更多的微小的要点可以留给学生自己去体会和总结。

写作训练的梯度化也是促进学生思维进阶的有效方法。写作教学序列化让写作任务间具备某种关联，而写作训练的梯度化则更能明确这种关联。在具体的实施中，教师需要选择一个有思辨性的话题，围绕这个话题设计2~3次不同要求的写作任务，兼顾不同的表达方式，挑战难度逐次递增。例如围绕“认识自我”主题，安排3次写作任务：发现自己（要求有描写和叙述）；我最想成为的人（要求叙述和议论）；怎样成为更好的自己（要求使用议论）。

（二）注重过程指导，搭建思维支架

长期以来，写作教学模式僵化问题突出：教师布置作文题目，介绍写作知识，提出写作要求；学生撰写作文，完成作文；教师批改、打分；教师发放作文，讲解作文。在这个链条中，学生的写与教师的教是分离的，教师的指导是面对着一篇习作成品进行评点，而最关键的写作过程则缺少有效的指导。教师的指导应当贯穿于整个写作教学活动过程，在学生的写作前、写作中、写作修改等环节加强思维能力训练和思维品质培养。

针对写作“进行时”的指导，需要教会学生如何写作，如何思考——即一个词语的选择、一个材料的使用、一个结构的安排、一层论证的展开，如何在写作过程中及时修改更准确的立意等等。因为大班额教学组织形式的影响，教师很难逐个对学生的写作过程进行指导，但这并不意味着过程性指导不可为。教师需要去除掉多写多练的功利思想，将写作

过程进一步细化，将写作变成一项反复性的活动。具体可以从以下几个阶段进行：

写作前阶段，教师确定写作任务，指导学生通过列提纲、画思维导图方式建立写作目的和阅读对象；整理需要的写作材料，理解写作任务和要求，完成文章主体框架。学生既可以借此分析材料、梳理素材，也可以构思作文的脉络。编写提纲是一种具象化的构思过程，直观呈现自己的思维过程，审视层次之间的逻辑关联。教师应当在此明确作文提纲中、图示中需要包括哪些内容。如果是写议论文，提纲中应该包含的内容有：题目立意、开头行文的表达方式、根据议论层次确定论据、详略安排，还有结尾的安排等。

写作过程中，添加“草稿”环节，学生初步根据立意组织材料，完成习作草稿。评价修改阶段，学生带着写作目的和对象意识重新审视完成的草稿立意是否准确、材料使用是否合理、语言逻辑是否清晰等等，据此进行修改。修改稿可以是学生分组讨论后探究生成，讨论的过程也帮助自己进一步完善行文逻辑，对问题的认识也更加深刻。写作后进行交流和成果展示。

在这样的过程中，教师需要主动介入，写作前观察学生定主题列提纲选材料的过程，及时进行指导，评价修改阶段根据写作要求提出具体、可操作的修改建议，写作后的评价阶段要对学生写作整个过程进行综合点评，不仅要指出习作的问题，还要指出学生在构思作文时、完成作文过程中的问题。将学生的写作环节“复杂化”，注重过程性指导，教师能够关注到学生写作时的思维活动，能够及时加以指导，更能够促进写作水平的提升。

（三）写作任务多元，调动思维能力

教师需要为学生创造一个自由表达的空间，设置多元写作任务，将写作从“任务”的枷锁中解放出来，给予学生发表观点看法的机会，激发学生的表达兴趣，让学生的思维在主动表达的意愿中活跃起来。时评

写作能够锻炼学生逻辑思维能力、立意能力和语言表达能力。教师可以采用“微时评”写作策略，选取新近发生的社会热点事件作为讨论话题，组织学生互相交流发表看法。在指导时评写作时，教师可以选择正当可信的信息媒介或者权威媒介，摘录时评范文供学生学习，也可以对某一项时事热点从正面、反面等角度寻找材料，训练学生多角度思考问题的思维方式，避免极端思维、片面思维和浅层思维的误区。同时，时评选题也影响着写作思维训练的效果，教师需要结合学生的生活经验和认知水平，从与学生社会生活息息相关的事情入手，再循序渐进地过渡到大话题上。教师可以将时评写作作为班级的常规活动，利用线上和线下条件搭建时评发布平台，让学生的观点看法及时和读者见面。

四、借助信息技术手段，提升写作教学效率

在“互联网+”时代背景下，积极探索信息技术手段与教学的融合是时代的课题和必然。《普通高中语文课程标准（2017年版2020年修订）》明确提出要积极探索借助新技术、新手段，建设更加多元、有序的语文课程体系。现代信息技术是重要的教学工具，学生借此查找、获取、传递、加工、存储知识，表达交流思想，开展合作学习，管理和评价学习过程和结果等等。在已经开展的探索和实践中，可以发现信息技术手段对提升写作教学实效具有一定的积极意义，既能够助力写作能力的培养，也能够提升学生的信息素养。在新的写作学习形式下，一线教育工作者需要思考如何利用网络信息工具打破写作教学的局限，提升写作课堂的开放性，尝试打通课堂写作教学与丰富的课外阅读活动、日常生活的联系，将课堂外的资源变成语文课程计划内的写作教学资源。

（一）用好信息技术，介入写作教学

随着时代的发展，信息技术手段已经成为教师开展教学的重要工具，从起初课堂上的幻灯片展示、播放多媒体资源，到现在的知识资源库、信息化平台等，信息技术手段已经成为学生学习必不可少的资源和方

法。虽然信息技术目前在数理学科应用广泛，在文科学科中的使用较为有限，但是只要多加发掘，在写作教学中也大有可为。

一般情况下，信息技术介入写作教学主要发生在前写作阶段创设写作情境。常见的应用方式包括：用音乐渲染情境氛围，把学生带到特定的意境与情境中；用图片和视频来展现主题情境，即通过图画、照片等展现情境，用影视或访谈片段，再现、带入情境。教师利用信息技术手段创设写作情境要紧密结合写作任务的特点灵活选择多媒体介入方式。例如播放张桂梅事迹的纪录片，学生在观看后撰写一篇颁奖词或者一篇演讲稿。例如精心挑选一首纯音乐，让学生在音乐的情调中展开联想与想象，写作诗歌。例如投影一些生活场景和图片画作，引导学生联系生活经历，激发“现场意识”，写记人记事的记叙文或者散文片段、鉴赏类文字等。

在前写作阶段，除了创设情境激发学生主动表达兴趣，强化写作目的之外，信息技术还提供了写作资源库和辅助软件。学生可以利用云端资源库进行写作素材的收集整理，搜索自己所需要的材料和资源。笔者所在的地区搭建了“教育云”平台，云平台内有海量丰富的素材资源，学生可以根据自己的需要检索并随时将电子资源加入到个人网络资源包中，自己编排目录以便随时使用；教师也可以精选写作课程资料，例如关于写作的文体知识、优秀的语段或范文、讲解某个写作技巧的微课视频等等，定向推送给学生。

（二）打造交互空间，实现跨时空“对话”

“互联网+”时代的到来为课堂教学的发展带来巨大的契机，时空的阻隔在“云端”面前不再是难题。在开展写作教学过程中，学生根据写作话题拟写作文提纲，通过云平台提交给教师审阅修改，教师在修改后保留评语和修改痕迹再返回给学生，师生实现跨越时空的交流，改进了传统写作课堂中教师受到时间空间限制无法及时给予学生写作反馈的问题，提升了写作教学效率。

在评阅阶段，教师可以利用云平台搭建起交互式写作学习空间。学生将自己的习作统一上传到班级文件夹后，教师分配互批任务，学生在平板设备上对同学的作文进行修改批阅后再次提交上传，这样所有学生的习作和批阅内容都会呈现在班级文件夹中，学生可以随时点开任何一位同学的作文查看。除了“一对一”的互批形式外，还可以通过软件的在线编辑功能，实现“多对一”的修改。教师挑选问题典型突出的学生习作2~4篇，分配给学习小组，每个小组挑选一篇习作进行集体讨论修改。修改同一篇问题习作的小组分先后在班级作分享，讲解过程中将自己小组修改的过程和内容通过班级电子白板呈现给全体同学。教师也可以介入评阅阶段，挑选一篇典型习作，通过信息平台在线编辑，或者自己在电脑端投屏，用文档“审阅”模式实时边讲解边修改。动态的作文评阅活动能够更好地帮助学生审视自己的习作，也能在修改过程中明白不足，从而获得提升。

教师可以建立班级微信公众平台，将学生习作上传至班级微信平台上发表，除了添加学生习作外，版面内还可以添加教师点评和学生点评。这样的形式让学生的习作被更多人看见，获得关注和认可，满足学生心中的成就感，能够激发学生的写作兴趣和主动性，也能让学生对待写作任务更加认真。

（三）开展跨媒介写作，促进表达能力提升

新媒介具有传播速度快、信息量大、趣味性强、满足个性化需求等特点，新媒介的出现给教育教学带来了更多的可能性，从写作教学角度来讲，新媒介与写作的关联日益密切，给写作形式也带来了很大的改变。例如现在的学生很少会写日记，更多会选择以朋友圈或者短视频的形式来记录自己的生活。

《普通高中语文课程标准（2017年版2020年修订）》也体现出对信息时代下跨媒介表达能力的重视，除了设有“跨媒介阅读与交流”学习任务群外，一些其他的任务群中也出现了例如“尝试选择传统媒体和新

媒体写作”“撰写新闻传媒类文字分析报告，多媒体展示交流”等在内的跨媒介写作任务。在统编教材的写作任务中也有对跨媒介写作能力的专门训练，例如选取课文片段拟写一段视频拍摄脚本，搭配音乐制作视频。新媒介具有鲜明的时代特色，对于写作教学的开展能够带来很多有益的启发。

纸质媒介是传统媒介，可以激发学生的联想与想象，电子媒介和网络媒介具有感染力和趣味性，教师可以充分结合学生熟悉的纸质媒介、电子媒介和网络媒介综合开展写作教学，在营造写作情境、创建写作资源库、多形式展现等方面进行尝试。例如运营班级微信公众号，让学生自主设计、制作、发布班级微信公众号，可以是教师布置的写作任务，也可以是学生的练笔习作；例如以拍摄视频的形式让学生完成专题写作任务，可以是文本鉴赏、影视作品赏析、文化知识讲解的微课以及人物采访的访谈等。跨媒介的写作方式贴近学生生活，能极大程度上调动学生的积极性，帮助学生克服面对写作任务时的畏难心理。

第三节　基于语文核心素养的写作教学设计

本节依据对核心素养内涵的深度理解，把握核心素养对写作教学的要求，灵活将实践策略运用于写作教学中，选取统编教材写作任务，设计写作教学活动，为研究提供实践可行性。

一、教学示例——关注写作过程，学写文学短评

本章选取统编教材必修上册第三单元的写作教学任务，撰写文学短评来作为学习目标。统编教材第三单元囊括了魏晋、唐宋时期8首经典的诗词作品，单元学习要求增强学生对中华优秀传统文化的传承意识，尝试写作文学短评。写作任务表述中强调了要让学生重点欣赏和关注诗

词中的深刻意蕴，品味艺术匠心，选取最打动自己的一首诗词作品撰写文学短评。结合单元学习任务和写作任务特点，确定本节写作课程采用过程性指导策略，课程主题：传承传统文化，感受诗意人生——关注写作过程，学写文学短评[①]。

文学短评是写作教学的新内容，“短”指的是篇幅短小，“评”代表了它的议论文属性。文学短评糅合了“阅读”与“写作”，让学生在阅读中对作家、作品进行评论，分析思想内容、艺术特色等。写作文学短评，大致需要遵从这样的写作步骤：阅读感知、确定主题、展开评论、完成习作。其中“读书”需要细致入微，“定题”应该简洁明了，“评析”则要深入浅出。

（一）教学目标分析

【教学目标】

1.语言建构与运用

学习文学短评的议论性语言特点，能够准确表述自己的理解分析和观点评价。

2.思维发展与提升

在作品的鉴赏中，发挥形象思维展开联想与想象，体会诗歌意境与情感；在评析过程中，能够结合背景、主题等层面，运用逻辑思维有深度、有见解评价作品。

3.文化传承与认同

深入领会本单元诗歌的文化内涵，感受文化韵味；学习和掌握诗词文化知识，在写作短评过程中增强对传统文化的认同感和自豪感。

4.审美发展与创造

能够运用诗词知识鉴赏文学作品，领悟创作和鉴赏文学作品的规律，提高审美品位和能力。

①刘扬．核心素养理念下的高中语文写作教学策略探究[J]．语文教学通讯·D刊(学术刊)，2023(08)：11-13.

【教学重难点】

1.教学重点

掌握文学短评写作的基本方法。

2.教学难点

学会鉴赏、分析、评价的方式方法，对诗意人生主题有感悟和思考。

（二）教学过程设计

1.设置任务情境，明确写作目的

学校校刊《文墨》下一期有一块诗词鉴赏专栏，总编辑刘老师收到了几篇投稿，他在看完后认为这几篇短评还有一些欠缺，于是他找到了我帮忙修改，但是我想到正好我们也在学习如何写文学短评，不如发挥集体的智慧，一起来修改一下这几篇短评，完成刘老师交给我的任务，帮助校刊质量再提升一个档次，同时我们自己也可以从中获取写作文学短评的好经验好做法。

2.赏析优秀短评，总结方式方法（写作前的知识性指导）

（1）课件呈现：傅庚生《中国文学欣赏举隅》

“此十四字之妙：妙在叠字，一也；妙在有层次，二也；妙在曲尽思妇之情，三也……此等心情，惟女儿能有之，此等笔墨，惟女儿能出之……”

（2）提炼概括文学短评写作“清单”

表5-2　文学短评写作清单

方面	具体要求
入乎其内，出乎其外	要置身于作品中，对意象意境、情感内涵有深入理解，再站在作品之外进行评价。既有细节的鉴赏，也有全面的概括
定题小巧，选准角度	要选好角度，从小处切入，选择自己有所了解的、有所研究和新的角度来撰写
观点鲜明，视角新颖	对作品的评价要有自己的观点和看法，确定自己的鉴赏和评价的重点和主要方向
结构合理，注重写法	文学短评主要采用叙议结合的方式，对作品内容适当地复述、介绍或引用，进而展开分析和评论。“议”要清晰，“叙”要精练，叙议结合才能将观点态度表达清楚

3.合作修改，明确标准

这几篇投稿良莠不齐，需要修改的地方不少。现在我们就以这两篇《声声慢》和《短歌行》的文学短评节选部分为例，依据我们刚才总结出来的写作要求找出它们的问题，来帮助他们修改文学短评吧。

（1）（投影）片段一：书生误国

《声声慢》的艺术造诣值得肯定，李清照将叠词运用得出神入化，颠沛之悲、国仇家恨，悲情让人叹惋。

这首词固然是一篇佳作，但是却透露出宋代文人在国家命运前的无可奈何。宋代的文人，在国家太平的时候，风花雪月，吟诗作赋；国家动荡的时候，纸上谈兵，高谈阔论；国家灭亡后，凄凉惨淡，呻吟苟且。宋朝灭亡由此可见。李清照虽是一名时代的受害者、牺牲品，但是那些空谈误国的文人士大夫却是宋朝腐朽衰弱、国家灭亡的根本原因。哪怕他们能够像个战士一样多点血性，甚至用笔去战斗，也不会让家国沦落至此，也不会催生出这般命运凄苦的词人，更难有悲怆如此的《声声慢》。

在《声声慢》一词中，我读出来的是书生误国。

片段二：《纵古观今，聊表心意——〈短歌行〉短评》

用典的魅力在于将心中的期许以简练的语言表达出来。诗中运用了不少典故，比如化用《管子·形势解》中的“山不厌高，海不厌深”，把曹操希望尽可能多接纳人才的期望表达得简洁而有韵味；“周公吐哺，天下归心”借用周公急切接见人才的典故，表达自己也如周公一样期望贤才能够投奔自己。

本诗运用这种表达手法，语言简单却有着丰富的内涵，借助典故聊表心意，写出了自己的壮志雄心和对人才的渴望。

（2）汇总明确：片段一文体特征不明显，混淆了文学短评和读后感，内容更多的是体现自己的主观感受，并没有就词作进行评析，另一方面没有做到定题小巧，确定角度进行评论；片段二用词不当，题目

“聊表心意”和评析内容不一致，曹操面对贤才是殷切渴望的心情，而非略微表示心意。

（3）小组合作：每六人为一组，组成合作学习小组。对照文学短评写作“清单”开始讨论并动笔修改（请在原文中需修改的语句下画上横线，然后在语句的右边空白处修改）。

4.对单写作，拟写草稿

（1）设置情境，布置任务

这一单元的8首诗词阐释了不同时代不同阅历的诗意人生，它们经过历史的大浪淘沙来到了我们眼前，让我们隔着千年的时空依然被它们的魅力所牵引。相信每个同学都能从中选出一首最喜欢的诗词想要推荐给更多的同学好友，学校校刊编辑刘老师向同学们约稿，为诗词专栏撰写短评，请同学们从本单元的诗词中任选一首，撰写一段400字左右的文学短评。

（2）搭建支架，拟写提纲

支架一：供选内容和鉴赏方向

表5-3　诗歌鉴赏角度汇总表

供选内容	鉴赏方向
《短歌行》	表达技巧（比兴手法、化用典故和前人诗句）
《归园田居》	语言风格（平淡舒缓，质朴自然）
《梦游天姥吟留别》	笔随兴至的抒情表达，浪漫瑰丽的想象
《登高》	雄浑悲凉的诗歌意境，严谨对仗的诗体形式
《琵琶行》	情、景、乐交融的写作特点
《念奴娇·赤壁怀古》	写景、咏史、抒情的写作特点
《永遇乐·京口北固亭怀古》	怀古伤今的主题，豪迈悲壮的意境
《声声慢》	叠词中的情感内涵，婉转凄楚的意境特点

支架二：搭建主体，勾画导图

请同学们任选一首最想推荐给大家的诗歌作品开始写作。在撰写文稿之前，大家首先需要确定主题和鉴赏方向，可以自选角度也可以选择老师推荐的鉴赏角度，进行分析鉴赏；然后根据老师的步骤梳理清楚自己的写作思路，在自己的平板学生端口提交思维导图。

课件呈现：

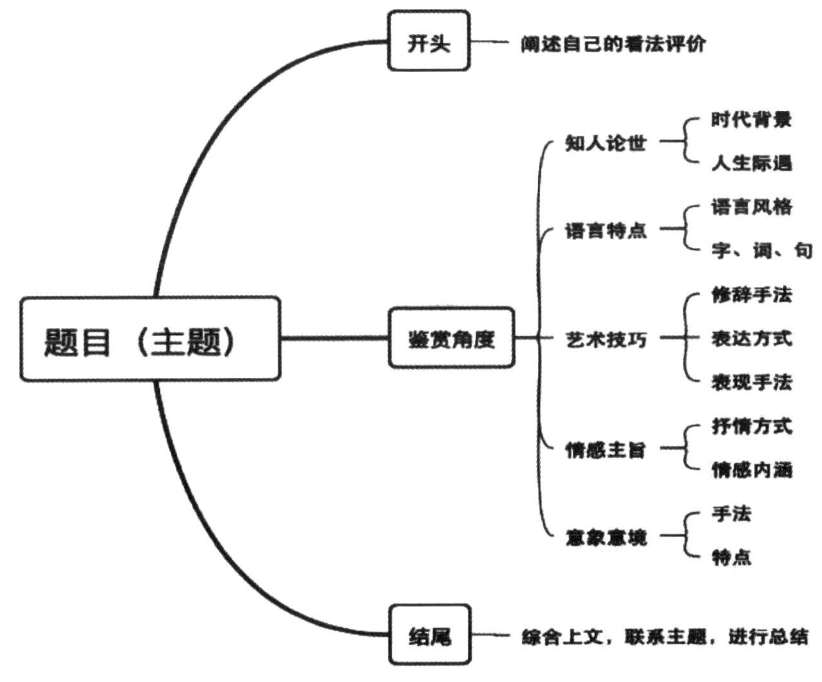

图5-1　诗歌短评思维导图

（3）交流修改，提升水平

教师实时审阅学生陆续提交上来的思维导图，对存在问题的写作思路及时进行沟通纠正。在教师进行审阅的同时，学生开始写作。写作完成后，学生小组内部互相交流，分享自己的文学短评。小组同学结合文学短评写作“清单”提出意见，帮助对方进行综合修改完善。

（4）作品展示，综合评价

经过文学短评鉴赏知识的学习，我们知道了文学短评是什么、写什么、怎么写，接下来请大家拿出我们最后的“成品”共同鉴赏优美的古诗词。

学生作品展示一：三秋之悲——《登高》短评

《登高》素有“古今七律第一”的美名，全诗虽仅有四联八句，但写尽了一位饱经身世之苦、心忧家国的诗人心境。

诗歌起笔不俗，首联十四字写出了夔州地界的自然特点，秋天的夔州天高旷远、寒风急促、猿声凄凉、清渚白沙，鸟儿在盘旋低回，画面色彩清冷，氛围凄寒，为整首诗奠定了情感基调。“无边”一句更是将这种凄凉悲伤之感从眼前的夔州之景一笔提升到了更高的层面，落木无边无际、长江无穷无尽，一下子境界大开。到此处，杜甫结合登高所望营造了一幅旷远而萧瑟的秋景图。“万里悲秋”一句读来令人悲怆，是短短十四字却满含着诗人身世命运之苦，颠沛流离一生，孤苦贫寒一世，悲意层层叠加，自伤之意层层累积，也因此诉尽了人生之悲，这是杜甫的“人生之秋”。最后一联真正得见诗圣杜甫的胸怀，自身尚且艰难度日，心中记挂的却是艰难的国运。国家遭逢战乱，匹夫有责，杜甫心怀家国天下，“苦恨”二字极尽痛心之恨，这是“国运之秋”。

至此，杜甫将“自然之秋”“人生之秋”“国运之秋”熔铸一体，情真意切，境界高远，无愧于“古今七律第一”之称。

学生作品展示二：英雄之志，壮而不伤——评《短歌行》

曹操的《短歌行》采用歌行体的诗歌形式表达了时光易逝人生短暂的苦痛、对贤才的渴望以及实现天下一统大业的志向，诗歌情感并不似其他文人那般充满自伤，反而充满着昂扬向上的志气。

这种壮而不伤的诗歌情感基调与曹操的身份关联密切。曹操不仅是一位诗人，更加重要的是他还是一位胸怀壮志的政治家，他的身份决定了他所站的高度，更决定了他的格局和眼界。虽然诗歌中感叹着“譬如朝露，去日苦多”，但是感叹时间短暂人生易老的背后其实是建功立业的大愿尚未实现，悲伤的表象深层其实是家国大志。“绕树三匝，何枝可依”是对贤才难得的感慨，但推究深处，也是曹操想要一统天下的心愿所致。

因此，这首《短歌行》虽表达了种种之“苦”“恨”，但背后却是建立功业的踌躇满志，因此基调昂扬，壮而不伤。

（三）课程总结评价

本节写作课以学写文学短评为写作目标设计教学活动，重点环节包括情境导入，让学生置身真实的写作情境中，激发读者意识和写作目的；制定评价“清单”，让学生在正、反范例中自行总结出文学短评的写作标准；拟写提纲，绘制思维导图，让写作构思可视化，及时获得教师和同伴的指导和帮助；互相交流，修改草稿，完成习作，在拉长的写作过程中又反复地打磨，能够让存在的问题得到及时改正解决，提升习作质量。

从整体上来讲，本节写作教学活动设计能够在两节课连堂作文课内完成，既让学生将已习得的知识进一步转化成书面表达，在过程中获得审美的培养与熏陶，又能够在写作过程中学会如何理清思路、如何写作的更好方法。

二、教学示例——以读促写，提升跨媒介表达能力

必修上册第七单元是表现自然之美的写景抒怀单元，包括了《荷塘月色》《故都的秋》《我与地坛》《赤壁赋》《登泰山记》等古今写景抒情名篇，本单元的写作任务是借鉴这些文章的写法，完成一篇800字左右的散文。单元学习任务要求学生关注作品中的景与情，在分析鉴赏的学习过程中感受作品之美。学生通过阅读经典美文来感受美、理解美，在教师的引导下将这种美的感受与体验转化为发现美、创造美的热情，完成写作任务。

本节写作课的课程主题为：感知美景风光，抒写人生思考——以读促写，提升跨媒介表达能力。通过阅读经典文本学习写景散文的写法，融合跨媒介写作方式，激发学生内驱力，提升写作能力。

（一）教学目标分析

【教学目标】

1.语言建构与运用

学习散文写景抒情的方式方法和语言风格，能够准确地表述自己的体验感受，撰写情景交融的散文；学习跨媒介表达的语言特点，能够生动地展现思想主题。

2.思维发展与提升

在作品的鉴赏中，运用形象思维能力，发挥联想与想象，体会散文意境与情感；在写作过程中，能够联系自己的人生经历对散文中表现出的观念进行感悟思考。

3.文化传承与认同

深入领会写景散文的文化内涵，感受文化韵味。

4.审美发展与创造

能够在感知美、领悟美、鉴赏美的体验中提升审美能力，能够将知识转化为创造的成果。

【教学重难点】

1.教学重点

理解散文的情景关系，撰写情景交融的散文。

2.教学难点

结合写作情境，选取恰当的景物，抓住景物特征，细腻表现景物。

（二）教学过程设计

1.情境导入

学校办公室正在策划一期“大美育才”的宣传活动，分别通过校园微信公众平台和官方视频账号向外界展示校园美景。今天就让我们一起集中智慧来完成一期校园美景宣传吧!

2.思维引导，明确任务

观看写景状物的视频片段和公众号节选，了解要完成这样一期校园风光宣传需要哪些要素。

讨论归纳：文本、图片、视频、音乐。

好的语言不仅能够展现出自然风物之美，还能够为客观自然景物增添色彩和韵味，那么如何用语言文字来表现出风景之美呢？我们刚刚学完的5篇经典散文就是很好的学习对象，它们或语言优美或意蕴深厚，引发我们对自然和人生的思考和感悟。我们一起来回顾梳理这些散文的特点，学习它们的闪光之处。

3.盘点学习收获，梳理写作要点

师生归纳：本单元5篇散文分别写了什么景？景的特点如何？如何写景的？抒发了什么情感？请结合阅读经历来做交流。

表5-4 散文情景内容汇总

篇目	景物	景物特点	情感特征和内涵
《故都的秋》	故都	清、静、悲凉	闲情雅致；对北平的秋深沉喜爱
《荷塘月色》	月色、荷塘	清幽、朦胧	淡淡的哀愁与喜悦，内心矛盾复杂
《我与地坛》	地坛公园	荒芜却不衰败	人生态度；对母亲的愧疚与怀念
《赤壁赋》	月下赤壁	浩渺旷远	豁然达观；面对人生有限性的思想
《登泰山记》	泰山	雄奇壮丽	情趣盎然；对泰山自然和人文的喜爱

本单元的5篇写景散文景美情真韵味深长。一方面是作者的取景角度独特，观察细致，景物特点鲜明；另一方面是每一处景物描写都融合了作者的感情。我们通过这5篇范文一起来总结出优秀写景散文应当具备的要素，来作为我们写作文本的参考。

师生归纳：写景散文评价量表

表5-5 散文评价量表

基本要素	分值
选景有代表性，能够触动心灵	15
语言表达准确、优美生动、富有韵味	5
能够巧妙使用修辞手法等艺术技巧，景物描写角度多样	5
情景交融，景物特点与感情表达的情味一致	5
结构清晰，构思巧妙	5
有文化内涵或有哲理性思考	5

4.交流合作讨论，明确任务要求

学生分小组讨论，形成小组意见，在全班进行交流。全班评议与再讨论，达成共识。

明确主题内涵：宣传主题为“大美育才”，其中“大美”二字可以由实到虚，发掘其内涵和外延。“大”可以指校园体量之大、文化底蕴深厚、历史悠久等；“美”的对象可以是校园一隅、自然花草、时序变化、建筑景观等。

师生共同完成思维导图设计：

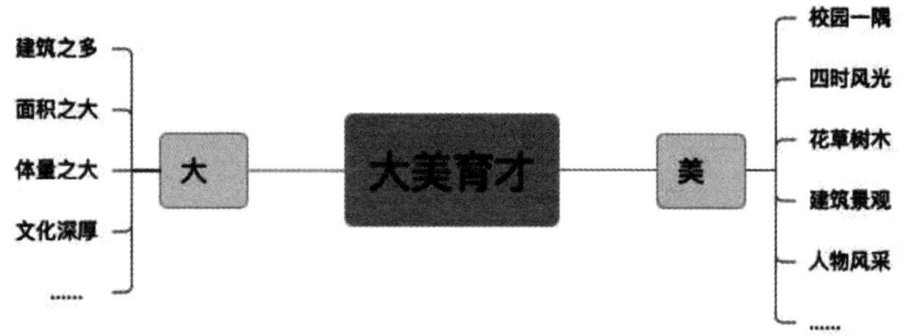

图5-2　主题分析思维导图

明确任务流程：起草文本提纲，确定基本的构思和设想；实地观察校园景物，结合自己的构想进行挑选，拍照或者拍摄视频；结合实地查看情况，再次修改文本提纲；根据所选景物，完成一篇情景交融的散文；最后制作好图文并茂的公众号页面或者完成短视频拍摄。

明确任务难点：态度层面要有真情实感、有读者意识；内容设计层面要内容丰富、重点突出、结构清晰；作品呈现层面（技术层面）要做到画面与文字相得益彰。

5. 确定主题，起草提纲

学生撰写文字提纲，教师在课堂上随时进行指导和点拨，帮助学生围绕中心主题，挑选合适的写作对象，确定写作思路，合理安排结构，并且能够在情感内涵层面得到进一步提升。

（1）学生提纲展示（一）：育才十二时辰（视频）

清晨拂晓，天光渐亮。星辰与月亮在喜鹊叽叽喳喳的叫声中逐渐褪

去身影，朗朗书声将宁静的校园从沉睡中唤醒。育才中学的一天就是在这样的勃勃生气中开启了。【视频画面：天色亮起、学生读书】

日中午时，微风不燥。正午的阳光从树梢里洒下，投影在地面上留下片片碎金，微风拂过，碎金摇曳，仿佛在向过往的同学们招手，说“你好”。【视频画面：树叶摇动、学生有说有笑地走过】

傍晚日暮，夕阳余晖。西沉的落日为校园的天空镀上了一层浪漫的橘红，拉长了同学们的身影，也仿佛拉长了时光。【视频画面：落日、学生背影】

夜幕四合，灯火初上。盏盏灯光从教室蔓延至窗外，校园里的花草树木仿佛都已经在夜幕的安抚下渐渐睡去，只有笔尖滑过纸页的“沙沙”声提醒着人们，还有勤奋的学子在为梦想奋斗。【视频画面：夜色沉沉，教室里灯火明亮】

（2）学生提纲展示（二）：“沉浸式”体验秋日育才（微信公众号）

秋日的校园美如画卷，天高云淡，金叶翩舞……迟来的秋日限定，请您查收。

片片秋叶随风而生，是生命谢幕的热烈与浪漫；青与黄无缝衔接，是飒爽微风无偏差的“挑染”。教学楼的红砖与满树的金黄相映成趣，窗口的玻璃满载着蓝天白云。【图片：树叶、教学楼】

图书馆前的柳树，见证着学子们怀抱着书籍来去匆匆的身影，将少年们为梦想努力的时光镌刻在自己的年轮里；资历深厚的“钟楼”静静地矗立在校门口，做校园的守护者和时间的记录者；草坪上的大石碑厚重而亲切，经风沐雨从不改色……【图片：图书馆、钟楼、大石碑】

夕阳与晚读，秋日与漫漫书香，适配度百分之百。手握书卷的学子在操场边的小路踱步，心里装着的是明亮的未来。【学子晚读】

6.完成作品阶段

学生根据校园实地查看，进一步修改提纲和草稿，完成文本写作。

在小组合作的基础上，搭配视频、图片或音乐，制作完成最终的作品。

（三）课程总结评价

本节课整个写作教学活动是在写作情境和任务驱动下开始的，微信公众号和短视频都是贴近学生生活实际的新媒介，教师在设计写作活动时将散文写作知识、写作能力训练和学生熟悉的、感兴趣的新媒介结合起来，设计跨媒介写作任务，学生直面写作任务，在小组讨论后达成共识，教师基于“任务解决”目的设计活动，引导组织讨论、归纳标准。

在完成写作任务过程中，学生首先必须对散文单元的5篇经典文章进行细致的研读，总结出每篇文章的写景特色和动情点，在此基础上，梳理形成写景散文的写作标准和要求；第二阶段学生在教师的引导下交流讨论，深入理解写作主题，利用思维导图的方式拓展主题的内涵和外延，确定任务程序和要求，进而在教师的指导下完成初步的提纲和文本草稿；第三阶段是学生走出课堂在校园里进行观察、选择、拍照（摄影）等，在真实实践的基础上对草稿进行修改，完成最后的成品。在此教学过程中，学生始终保持着积极的学习、参与热情，对最终完成作品充满着期待和信心。

第四节　高中语文写作教学创新策略的运用

写作作为语文教学中重要的一部分，如何提高学生的写作水平是教师在语文教学中应当考虑的问题，同时由于课程改革和素质教育的进行，这就对语文教学提出了新的要求，教师应当积极创新教学策略，使得学生的写作水平能够稳步提高。本章主要从翻转课堂、微课、微博三个方面对高中语文写作教学策略进行了系统论述。

一、翻转课堂在高中语文写作教学中的运用

（一）翻转课堂解读

1. 翻转课堂的内涵

翻转课堂，通常也称为颠倒课堂、翻转学习、颠倒教室等。一般来说，学生的学习过程总体分为两个阶段：第一是知识传递过程；第二是吸收和消化的过程，即知识内化的过程。这两个过程尽管无法严格区分，但总体而言，应是知识传授、知识感知为主的过程在先，知识内化、知识深层次理解的过程在后。在传统课堂中，知识传授主要通过教师的课堂讲授来完成，而知识内化则是靠学生课后完成作业或实践得以实现。

其实，从字面意思理解，翻转课堂只是将课堂翻转。这样看来，把原来在课堂完成的知识传递过程改为在课前完成，把原来在课后完成的知识内化过程改为在课堂上完成，这应该是翻转课堂最基本的定义。而那些“与信息技术结合”“课前要提供哪些教学资料”“课上应如何组织”等内容，并非翻转课堂的原始要求，而是在翻转课堂实施过程中演化而来的内容。

在传统教学模式中，信息传递和知识内化分别通过教师的课堂讲授和学生的课下作业、操作实践来完成。而在翻转课堂中，教师赋予学生更多的学习自由，借助网络等多媒体技术，学生观看录制的教学视频，在课下完成知识的接收，这个过程，学生可以自由选择最适合自己的学习方式；而知识内化过程则被放在了课堂上，这样师生之间、生生之间就可以有更多的交流沟通机会。

大多数人理解的翻转课堂只是“课前传授+课上内化”的教学形式，正好相反于传统的教学形式，却忽略了两个关键点：一是课外真正发生了深入学习；二是课堂上的观点能够真正相互碰撞并将对问题的研究引向更深层次。学生观看教学视频并进行课前预习的活动，并不只是对新

知识的简单学习，而是对新知识的深入理解，这就要求录制的教学视频能让学生自学，而且不亚于在课上讲授的效果。在此基础上，学生的知识不能只停留在某一层面上，而应该通过学习活动的讨论分享引向更深层次。同时，也应该认识到翻转课堂与在线视频并不是同一个概念，翻转课堂最重要的价值体现在卓有成效的面对面的互动学习活动上。

2. 翻转课堂的特征

（1）教学主体的多元、动态、协商

首先，翻转课堂颠覆了传统的课堂教学模式，打破了传统课堂教学主体单一的弊端，使课堂教学的主体呈现多元化。一方面，翻转课堂让学生课下进行自主学习，“教”的主体由教师转向家长、学校、社会与国家，“学”的主体也不仅仅有学生，更是多种类型学习者的“学”；另一方面，翻转课堂的课上互动、探究，为多主体参与的实现提供了时间和可能。

其次，教学主体的动态发展也是翻转课堂的特征。一是教学主体角色的动态变化。教学主体的角色在随着教学时空场域的变化而不断动态发展与适度调整。如翻转课堂使得教师从传统课堂中的知识传授者变成了学生学习的促进者和指导者。二是教学主体功能价值的动态变化。翻转课堂凭借信息技术平台更有利于各教学主体的功能与价值的发挥，并使得这种功能与价值处在不断发展变化之中。三是教学主体行为方式的动态变化。就教师而言，录制教学视频和传统课堂教学中的行为方式具有明显不同；就学生而言，课下学习的方式和传统课堂也有显著差异。

最后，翻转课堂呈现出教学主体的协商性特征。所谓主体协商是行为主体在伙伴选择、信息共享、利益分配、承担任务以及解决问题方面的一种有效机制。翻转课堂改变了学生获取知识的形式，教师不再是知识的唯一来源，多主体知识体系逐渐形成，促进了教学主体权威性的消解，使主体间的民主、平等得以真正实现。教学过程中的协商、知识的协商、教学方式的协商以及课堂上下的协商等都是翻转课堂教学主体协商性的表现。充分利用信息技术，可以让课堂更为人性化、师生关系更为和谐、家长参与度更高等，这是翻转课堂呈现教学主体协商性的结果。

（2）教学过程的自主、灵活、可控

教学过程可以分为“教”和“学”两个过程，翻转课堂让整个过程更加自主、灵活、可控。学生能够根据自身的知识水平、学习进度和教学视频特色等进行自主选择、自主学习、自我监督、自我评价。这体现了翻转课堂中教学过程的自主性特征。依据建构主义理论，学习是一种能动的活动，绝不是教师片面灌输的被动活动，知识并不是靠教师传递的，而是学生自身主动建构的。建构主义学习观倡导自主学习、主动学习、合作学习和探究学习，强调学生的学习过程是自主建构的过程。总之，翻转课堂实现了学习方式的巨大变革。

翻转课堂能够适应教学过程的各种变化，体现了其灵活性的特征。教学过程是非常复杂的，学生、教师、教学内容、教学方法、教学媒体和教学环境等多种因素都在一定程度上影响着教学效果。只有不拘泥于教学的固定模式，针对不同的教学环境，采用灵活多样的教学方式，才能实现教学各主体的最优发展。

翻转课堂利用信息技术实现了教学过程的可控性。教学过程的可控性是指在整个教学过程或部分教学阶段中，教学主体能够对教学及其进程进行把控。这种可控性有利于教学活动的顺利开展，也更能够促进教学各主体的发展。翻转课堂以教学视频的方式传授知识，能够实现对教学时间、进度的有效控制。学生可以根据自身的需要和进度，对教学过程进行调整。如果有些学生通过阅读纸质材料就能掌握指定的学习内容，那就不必全程看完教学视频。而对于教学重点和难点，学生可以多次观看相应视频片段，假如还有疑问，就留到课上与教师探讨。这说明了翻转课堂在教学过程中具有可控性特征①。

①柳春焘．翻转课堂在高中语文教学中的实施策略[J]．西部素质教育，2019，5(09)：144.

（3）教学载体的创新、高效、立体

教学载体是指在教学过程中用于贮存、携带教学信息的载体，是为实现教学目标而设计的教学内容的组合形式和形态。翻转课堂突破了传统课堂以语言和教材为主要载体的局限，通过信息技术以微课作为主要的教学载体，具有教学载体的创新性特征。微课以短小精悍为其主要特点，是实现翻转教学的一种理想载体，更是实现优质教育教学资源共享的有效途径。

翻转课堂具有教学载体高效性的特征。翻转课堂借助信息技术，通过微视频的方式，突破了教学的时空限制，全面提升了教学效率。一方面，翻转课堂能够提供海量信息供学生选择学习；另一方面，翻转课堂借助云技术，为信息传递提供更为先进的技术支持。在观看微视频、网上即时交流、问题反馈、针对性教学、互动和探究、深化理解知识等翻转课堂开展过程中，通过教学载体的不断创新，实现了教学效率的提高。

翻转课堂在教学载体方面还具有立体性的特征。翻转课堂通过微视频传递知识、以互动探究深化理解，能够促进师生的共同发展。在教学视频中可以使用图片、音乐和故事等生动形象的立体教学，有效激发学生的学习兴趣，让学习过程可视化。教学载体的立体性以现代信息技术为基础，以学习者为中心，利用丰富的网络教学资源，实现了没有时空限制的翻转式学习。从发展趋势来看，以学习者为中心，基于云端的移动学习、泛在学习、混合学习和在线课程学习等将成为未来学习的主流模式。立体式的教学载体在促进学习的变革和实现课堂的真正翻转方面起到了至关重要的作用。

（4）教学资源的集成、全面、共享

教学资源是教学工作开展的基础，包括文本资源、图形资源、图像资源、动画资源、声音资源和视频资源等类型。翻转课堂打破了传统课堂教学资源的单一性，通过教学视频平台和信息技术支持，把分散的教学资源聚合在一起，共同为教学主体提供最优质的服务。这体现了翻转课堂教学资源的集成性特征。翻转课堂直接或整合利用网络优质教学资源，建构了由理论知识资源、实践经验资源和方式方法资源所构成的翻转课堂内容体系。

与传统课堂不同，翻转课堂集成了大量教学资源，使得教学资源具有了全面性特征，主要表现为资源数量多，资源质量优化，资源样态动态、可持续。一方面，在翻转课堂教学过程中，师生拥有大量的教学资源，极大地丰富了课程内容，如在学科资源网站中集成大量的教育资源，包括图片、文献、案例、习题和工具书等。另一方面，在翻转课堂视频制作过程中，教师精选出适合学生年龄特征和个性差异的优质教学资源。此外，从翻转课堂教学资源的样态而言，教学资源不断得到更新、重组，体现了其动态可持续的发展。

翻转课堂在教学资源方面还具有共享性特征。教学资源共享涉及教学各主体的利益，既要协调各种利益关系，又要满足教学主体对教学资源的需要。翻转课堂的实施为教学资源的共享提供了条件。在课前，所有教学资源师生共享，为知识信息的传递提供了便利。在课堂上，为师生等教学主体提供资源交流的机会，实现知识信息的深化。而且，翻转课堂大量的教学资源以微视频的形式展现，学生通过简单操作就能实现教学资源的共享，同时可以获取自己所需要的课程资源。

3.翻转课堂的本质

智慧是教育永恒的追求，智慧发展是当代教育变革的一种基本价值走向。因此，作为主导信息时代课堂教学改革的翻转课堂，用智慧教育引领其发展方向，是一种理性的选择。翻转课堂在本质上是信息化背景下的智慧教育。理由主要有两点：

（1）翻转课堂在本质上追求创新和智慧教育

无论是中国古代教育，还是苏格拉底的“产婆术”教学，都以培养人的智慧为主要目的。到了大工业时代，工厂需要使用大量具备专业知识和技能的工人，教育才转向以掌握知识为主要目的。当下信息时代，随着信息技术的发展和广泛应用，出现严重的“知识大爆炸”现象，学习由短缺转向过剩，进入所谓的“过剩时代”，知识超载和易得，以“掌握人类所有文明成果”为目标的知识教育，变成不可能和没有必要完成的任务。而如何获得知识、选择知识、处理知识、应用知识和创新知识，即统率知识的能力和智慧却变得越来越重要。

翻转课堂以掌握知识为基础，以知识创新和发展人的生命智慧为主要目的。它专注于培养处理问题和应对危机的能力，也促进学生对人生的思考。它让学生学会运用已有的知识和经验对自己与他人、与社会、与自然关系的积极审视、理解和洞察，并对他人、社会、自然关系给予历史的和未来的多种可能性关系的明智、果敢的判断和选择。

（2）“翻转”的过程是学生智慧发展的过程

智慧是人类先天遗传与后天环境交互作用的结果，而后者对智慧的作用更为巨大。智慧教育是信息时代教育教学的新愿景，但真正实现智慧教育和智慧发展并不容易，需要创设良好的学习环境和社会环境，采取有效的教学方式方法。智慧不同于知识，因此我们不可能通过知识的堆积而获得智慧。我们在探明世间万物和人生的真相与真义的过程中，通过“主体的自觉”而获得智慧。这一过程，离不开知识的整合和应用创新。

翻转课堂由于突破传统课堂教学的时空限制，将“最合适的教学过程”安排在“最合适的时间”，接受学习与探究学习的有机结合、优势互补，有利于解决传统教学的两大“顽疾”：一是无暇顾及学生学习差异的问题；二是对创新能力培养缺乏重视的问题。翻转的过程，就是碎片知识的学习与整合创新的过程。与智慧发生的过程有异曲同工之妙。因此，翻转课堂不仅有利于知识的学习，更有利于学生知识应用、创新能力的培养和智慧的发展。

总之，翻转课堂是手段，更是价值；是术，更是道；是谋略，更是哲学。从价值层面看，它是智慧课堂，是以“联通”为手段、以发展智慧为目的的信息化智慧教育。明确这一点，不仅有助于提高翻转课堂教学的品位和品质，使其不局限于为应试教育服务，也有利于智慧教育的发展。

（二）翻转课堂在高中语文写作教学中的运用策略

1.确立学生的主体地位

应用翻转课堂模式，将教学重心放到课下，这种方式可以节省大量的课堂时间，能够在课堂上为学生提供更多沟通和交流的机会，通过交流分享写作素材，方便学生之间相互借鉴，达到共同成长的目标。在课堂交流期间，教师应当充分发挥“生本理念”的作用，以生为主，引导学生在课堂上进行自我探索，将语文写作的魅力发挥出来。传统的语文写作教学中，一些基础能力不强的学生因为没有理解教学内容，同时害怕受到教师批评，往往不敢向教师提出问题，长期下来学生会失去语文写作的信心与兴趣。应用翻转课堂“线上+线下”的模式可以实现学生与教师间良好的沟通，能够激发学生提出问题的勇气，教师也可以通过这种方式向学生解答作文问题，进一步提高教学质量。

2.拓宽学生写作思路

学生在进行语文写作时，首先要有良好的写作思路，只有在保证写作思路畅通的情况下，写作质量才能够得到基本保障。因此，教师可以采用拓展学生思维的方式丰富学生的创作思路，进而促进学生写作水平的提高。应用翻转课堂模式，能够开阔学生的视野，便于学生写作期间全方面寻找写作灵感，进而明确新奇的写作立意。比如，在训练学生写作水平的时候教师可以向学生播放提前准备好的视频，帮助学生在看视频的过程中明确写作训练的教学目标，帮助学生寻找到写作的重点与难点，进而引导学生围绕作文题材展开丰富的联想。

3.创设良好的教学情境

良好教学情境的创设可以拉近课堂与现实生活的距离，从而激发学生写作的积极性，促进学生写作课堂参与度的提升。受传统课堂模式的影响，教师通常是创设教学情境的主体，学生往往无法理解教学情境的真正意义，情境教学法的实效无法得到有效发挥。

应用翻转课堂模式可以创设更加丰富的教学情境模式，并且创设主体也由教师变成了学生，学生的整体体验感得到增强，帮助学生消化写作相关的知识，强化学生对写作方法的理解。比如，可以利用课下时间，将写作作为设计主题，通过视频的方式让学生自主收集相关资料，加深写作知识在学生脑海中的印象。课堂上，教师要积极引导学生分享自己所收集的资料，向同学们分享自己在收集资料过程中的一些看法，通过课堂交流的方式构建清晰的写作思路。

（三）翻转课堂在高中语文写作教学中的实践运用

1.课前准备环节

第一个环节是教师的课前准备环节。在进行写作教学翻转课堂建设的初期，教师首先要确定写作目标和教学内容，有了条理清晰的教学基础建设环节，才能确保课堂完整。

例如，在日常的语文写作教学课堂中，教师可以对比学生之前的写作能力进行学生目标建设，让不同的学生完成不同的写作学习目标，并在课堂结束后讨论训练内容并完成训练。

这些内容都是课前准备环节需要教师完成的。除此之外，教师还要制作教学课堂所需要的各种元素，比如写作素材的多媒体展示环节内容，还有学生课前学习的方向指导等，都需要教师在翻转课堂前进行有效准备。

在课前准备环节，教师不仅要考虑自身的教学目标如何有效完成，还要确定整个翻转课堂的教学流程以及教学环节是否符合新课程教学改革的要求，同时还需要确保学生的学习能力和学习思维可以有效地随着课堂的推进而不断深入。

2.课堂教学环节

在课堂教学环节中，教师要严格按照课前准备的内容进行写作教学，首先是利用课前准备的资料进行情景设计和引导，让学生在情景参与过程中提高学习热情，并随着情景模式的推进来不断吸收写作知识，这也是课堂教学环节的核心内容和建设方向。在情景模式结束后，教师要进行写作成果的展示和小组学生之间的评价展示，这个环节也是翻转课堂的一大重要教学环节之一，让学生通过这种形式的教学展示，提升自身写作能力的同时培养综合素养。

在课堂教学环节中，教师需要把控课堂环节的一部分，学生自身也要把控课堂学习的一部分，在自主探究和合作学习环节，学生要在小组内进行写作成果的互相展示探究和讨论，从而总结同学之间的不足和优点，再进行修改完善。这样的教学在很大程度上提高了写作教学的教学价值。

3.课后教学环节

在写作教学的翻转课堂结束后，教师还需要保障学生的长远发展和写作综合能力的提升，通过奖励模式多鼓励刺激学生完成更多的课后作文，提高学生的自主写作能力，帮助学生在不需要教师指导的情况下寻找更多的写作训练平台和机会。教师还可以通过有效的比赛模式来帮助学生建立良好的学习发展方向，让学生在日常的写作训练结束后，自发组织更多符合写作课堂要求的比赛，并且主动参与，不断提高自身的写作能力，这样就可以使学生在高中阶段培养出良好的写作基础和写作思路，为将来的语文学习和写作发展奠定良好的基础条件。

二、高中语文写作教学中微课的运用

（一）微课解读

1.微课的内涵

微课是教师对课程进行的数字化处理，是教师运用现代信息技术将自己对课程的理解录制成的教学视频。教师制作的微课，一方面使自己的讲解得以保存，能够多次高效利用；另一方面使学生可以按照自己的学习节奏自主选择使用。

微课应该包括两个方面的内容：一是教师个体对教学内容的理解；二是教师帮助学生学习的教育策略、教学方法及师生之间的情感活动。

第一方面，微课的内容设计是教师在对教材、课程标准、教学重难点等方面个性化理解的基础上进行的富有创造性的教学活动，即微课包含着教师对教材的深度理解和独特的教学设计。

第二方面，微课除了能讲解学科知识，更为重要的是，首先，我们可以看到教师理解某一学科知识点的思维过程，这一过程能够展示出教师的教学个性；其次，我们能看到教师在录制微课的过程中，类似于在进行“一对一”的教学，学生更容易感受到教师给予的学习方法、学习策略、学习技巧上的帮助和潜移默化的指导；最后，微课里渗透着教师的情感，比如教师对学生学习进步的期望等。

微课不是过去辅助教学的多媒体课件。过去讲课使用PPT课件是教师把讲课内容呈现在屏幕上，辅助教师讲课。而微课不是过去的多媒体课件，不是在讲课时呈现所有内容。微课是关于教学内容中的某一重点、难点等的讲解，制作微课是为了帮助学生自主学习。

微课不是教师课堂讲课的现场录像，也不等同于课堂讲课过程中的片段。每一个微课都是一个完整的教学设计，包含微课的引入、微课内容的详细分析与讲解、微课的总结等教学环节。

2. 微课的特点

（1）短小精悍，灵活方便

由于微课堂时间短，微视频一般都短小精悍，微课资源的容量常常不足百兆，与其他精品开放课程资源相比，方便存储携带，有利于网络的传播和分享，便于实现微型学习。传统的课堂教学有严格的时间规定，而微课具有传统课程无法超越的优势。微课视频的时间较短，一般为5～8分钟（最长不宜超过10分钟），因而更符合视觉驻留规律和中小学生的认知特点。微课的资源容量也较小，其视频格式一般为支持网络在线播放的流媒体格式（如wmv、flv等），加上与教学主题配套的教学设计（“微教案”）、教学课件（“微课件”）、教学反思及专家点评等资源也只有几十兆。用户既可以流畅地在线观看微课课例，查看教案课件和教师点评信息，非常适合于教师的课例观摩、评课、反思和研究，也可灵活方便地将其下载保存到各种多媒体数码终端设备（如笔记本电脑、手机、MP4等）上实现移动远程听课和个性化学习。

（2）课程主题性强

微课主要是为了解决教学过程中重难点、疑点等内容，所以，每一个微课都有自己明确的主题，教学目标相对单一，指向性明确，它的存在就是为了通过主题明确本章的学习内容，让学习者一眼可以分辨出是否符合自己的学习需求，当在学习过程中遇到不明白的地方，可以通过鲜明的主题直接选取相关内容进行学习，明显地提高了学习效率，因此，微课是传统课堂教学视频浓缩的精华。

（3）开放共享，易于扩充

网络资源的核心理念是共享。微课不但具有网络资源丰富、便捷、交互性等优势，还打破了资源的地域、时间、数量限制，实现了资源的充分共享，为教师的专业发展提供了更多可用的资源。此外，微课提供了一个网络学习与交流的平台，教师可以在这个平台上传自己录制的微课视频，供同行参考学习，也可以在这个平台观看同行的作品，与同行交流切磋，挖掘智慧，加强相互之间的沟通，分析评判以及强化反思。教师还可以跨越地域的距离，与更多的优秀教师、教育专家进行零距离对话，全方位解读名师，感受名师独特的魅力。事实上，这个平台为教师打造了一个学习共同体。这个共同体是由教师群体共同构成，以网络虚拟环境为基础，方便广大教师群体交流、学习，实现个体专业发展的学习组织。

（二）微课应用于高中作文教学的可行性

1. 多样化的教学法需要微课的参与

“注重时代性，构建开放、多样、有序的语文课程”，落实在作文教学上，不仅需要开放、多样的课程资源，还需要灵活多样的学习途径。微课显然就是一个创新有效的建设路径。

首先，微课的资源开放多样。依托信息库的庞大资源系统，微课可任意组搭多媒体素材、学生的反馈意见、权威点评等资源，营造丰富多样的微教学资源环境。

其次，微课的学习时间和空间都是开放的。教师制作出的微课可以在课内插播，也可以放在资源平台上供有需要的学生课后选学。这在很大程度上拓展了语文写作教学的途径，真正践行了因材施教的理念。

2. 作文课设计的优化需要微课助力

“作文危机”的一个重要原因在于许多教师的教学设计缺乏活力，采用师授生听、套路化的讲写法，陈旧素材高频出镜，结果背离了教学对象的兴趣点，作文课也失去了趣味性。从学生角度去组织教学资源，教师要认识到传统的教学方式已不能完全适应当下的教学形势，学生是信息化时代成长起来的一代，教师要研究学生的心理，从他们感兴趣的角度去组织教学。将微课运用于教学设计具有诸多优势：

首先，改变传统单一的教学模式，丰富学生的视听学习体验，有效激发学生的兴趣。

其次，可随时更新作文教学素材，灵活搭配教学内容，拓展学生的视界。

最后，微课本身就是课内精华知识的浓缩，可以让教师从课堂固定的角色中独立出来，和学生一起成为微课视频的观看者，共同探讨问题，助力语文写作及爱心的高效运作。

（三）微课在高中语文写作教学中的实用性

1. 拓宽写作范围，激发想象

许多深切的感悟和抽象的道理都是建立在深度阅读和浅阅读的基础之上。高中学生的写作不能脱离阅读基础和生活基础，很多学生反映在写作过程中没有素材，语言组织能力较差，这些都是由于联想力和想象力的缺乏所导致的。因此，教师在进行写作教学的过程中，一定要为学生提供充足的写作素材和资料，确保学生的阅读和写作资源充足。运用微课视频，让学生通过观看来接收更多的写作信息，激发学生的想象力，拓展学生的想象空间，刺激学生的感官，让学生产生哲理性的思考和发自内心的情感，这样才能写出有血有肉的文章。同时，积极引导学生勤于思考，善于观察生活，积累生活中能够加入写作的语言和素材，并留给学生充足的时间进行素材的思考和整理。

2. 资源共享，实现个性化教学

微课的教学形式虽然短小，但是其教学内容都较为集中，主题鲜明，可以节约很多教学时间，同时也能给学生提供更加多样化的作文素材。在作文教学的过程中，学生之间存在差异性，教师的教学方式也各不相同，有的教师擅长写作架构的建立，有的教师擅长文笔的提升，对于这种教学现状，微课教学都有很大的兼容性，可以实现教学资源的共享，并且呈现给学生多样化的教学手段，同时也给学生提供了更多的写作素材。对于写作教学而言，这是一种极具个性色彩的教学内容，给学生提供了不同参考，而借助于微课教学，可以把更多的网络教学资源呈现给学生。同时，微课属于电子资源，容易携带，易于使用，做到了教学资源的共享，这就给学生更多的学习选择，有利于个性化教学目标的实现。

3. 充分培养学生写作的创新性和自主性

写作其实是日常生活中常用到的一种学科技能，掌握写作的技巧对于学生今后的学习和生活具有积极的作用。因此，教师要善于利用微课教学模式，帮助学生走出作文思路的限制，打破写作的条条框框，但是又要确保其有章法可循，充分培养学生写作的创新性和自主性，开拓学生的思维。在这一点中，教师主要解决的是学生在写作时立意困难的问题，通过微课教学将作文的多个角度立体地呈现在学生眼前。教师在进行语文写作教学时，可以在课间先将写作素材分发下去，并将学生反馈上来的较为典型的立意记录下来，制作成为微课视频，再让学生观看整合，看看与自己的想法和思考有什么出入。这样一来不仅能够有针对性地突破学生写作的局限，还能够让学生的思维变得更加深刻和多角度，充分调动学生写作的积极性，帮助学生提升自己的写作能力。

（四）高中语文写作教学中的微课应用策略

1.选题与设计

选题与设计是高中语文写作教学的关键，其选题与设计必须和学生的兴趣喜好相贴合，以学生的写作实际学习状况为基准，确定好其所需要讲解的写作知识点，使得其微课的选题足够新颖，关注学生写作的薄弱点，就学生已经学习过的语文知识进行深入的巩固和复习，真正做到查缺补漏，注重学生个性化的发展，同时还需要做好因材施教。

首先，要准备好教学设计的素材，就具体化的写作状况，选择相对应的影像资料等，以此来更好地吸引学生并集中学生的注意力，其设计方案不能太过花哨。

其次，要编制出教学设计方案，通盘合理化考虑微课的写作知识点，合理筹划其写作的内容，给教学设计的脚本设计做好准备，确定出写作的教学目标以及思路，结合其教学设计方案，充分掌握教学设计的脚本。

最后，要设计好学习的任务单，快速且合理地引导学生，使得学生都可以较为迅速地进入写作的学习状态，并在学习任务单的引领之下，有步骤、分层次地进行微课学习。

2. 利用微课激发学生的写作兴趣

语文教师可以利用微课教学模式激发学生的写作兴趣。

第一，语文教师可以制作微课视频，向学生推荐优秀书籍，在视频中介绍书籍的主要内容和亮点，激发学生的阅读兴趣，吸引学生进行自行创作。

第二，语文教师可以制作优秀作文的展读视频，利用微课教学挑选学生中写得较好的文章进行展开讲解，从而对学生进行激励，激发学生写作的兴趣，并树立自信心。

第三，语文教师可以让学生自己制作作文参赛视频，所有学生都可以利用微课，制作10分钟左右的竞赛视频，在视频中进行作文朗读和简单讲解，然后由教师进行评价和排名，让学生在参赛过程中不断提高自身的写作能力。

第四，语文教师也可以布置课后阅读和写作，然后利用微课的形式进行检查和反馈，提高教学效率。

3. 写作前的指导策略

（1）全面了解学生的写作学情

在将微课应用于高中语文写作之前，教师要全面分析学生的写作学情，了解不同学生对于自然、社会和人生的不同感悟，并围绕中心选取适宜的材料，让学生在写作表达中培养形象思维和逻辑思维，并逐步培养写作创造力。

（2）分类整理学生的问题清单

教师要搜集学生在写作中的问题，进行分类整理并归类，向学生提供问题方向，从而使学生的写作更具体、更有针对性。

（3）制作与写作训练相关的微课

教师可以搜集写作训练的材料和主题，运用PPT将其制作成微课，让学生观看，从而激发学生的写作兴趣，打开学生的写作思路。

4.利用微课引导学生积累素材

学生的写作素材通常来自学生的实际生活，因此，高中语文教师可以利用微课引导学生不断积累写作素材。

第一，引导学生多观察生活中的事物，并用视频进行记录，培养学生善于观察的好习惯，并组织学生在课堂上对自己所收集到的素材进行视频展示。

第二，引导学生将所记录的视频教材转化成文字，进行文章创作，同学之间也可以相互分享自己所记录的素材，实现融会贯通，共同进步。

第三，素材积累是一个长期的过程，可以培养学生持之以恒、水滴石穿的精神，定期给学生安排积累视频素材的作业，并进行检查和展示。

5.教师及时指导解惑

对于课内写作训练中学生感觉困惑的地方，教师要及时给予指导，帮助学生理解写作材料及其要求，重新审题，梳理写作思路，快速进入写作状态。对于学生的写作文章，教师要及时进行批阅，从中发现学生写作中的问题，为制作课后讲评微课做准备，使之更为充分和完整。微课应用于写作后辅导的指导策略，可以较好地帮助学生发现写作中的问题，及时矫正写作中的不足之处，缩小学生之间写作水平上的差距。

6.利用微课引导学生课外阅读

高中语文教师还可以利用微课引导学生进行课外阅读。

第一，教师可以利用微课，制作阅读指导小视频。在视频中对学生的课外阅读方向、阅读目标、阅读方法和相关的阅读刊物进行讲解和推荐，避免学生在进行课外阅读时出现盲目性，影响阅读效果。

第二，教师可以建立相关的网站和公众号。在公众号上以周为单位定期更新微课视频，推荐课外读物，引导学生自行下载，从而获取课外阅读的资源和方法。

第三，教师要安排学生制作课外阅读成果的展示视频，定期将学生的阅读成果在课上利用短视频的方式进行展示和交流，从而实现同学之间的相互促进，帮助学生积累更多的写作素材，为文章创作注入更多的新鲜元素，提高文章创作的创新性。例如，教师可以提前规定一个课外阅读的方向，如古诗词的阅读，时间期限可以为两周的时间，在时间结束以后，要求学生都要制作一个微视频，将自己这两周的阅读成果进行展示，采取优秀古诗词朗诵、讲解和作者介绍的方式实现同学之间的相互交流，最终积累更多的作文素材。

7.利用微课进行针对性训练

高中语文教师可以利用微课进行针对性写作训练，帮助学生解决实际问题，提高学生的写作能力。

第一，教师可以利用微课教学的方式，对于学生在写作过程中的薄弱环节，例如文章开头和结尾进行针对性教学，通过制作短视频，向学生展示优秀的开头和结尾，讲解相关的写作方法，例如开门见山法、景物传情法、名言发端法、抒写情感法和疑问开头法等，每一个方法制作一个短视频，帮助学生按照自己的写作习惯，选择适合自己的方法进行作文写作。

第二，教师还可以利用微课教学的方式，对学生作文的论证部分进行针对性训练，在视频中阐述整个论证过程和介绍各种论证方法，例如举例论证、道理论证、引用论证，帮助学生掌握作文论证的方式，接受程度较慢的学生也可以将视频下载下来反复观看。

第三，教师还可以利用微课教学的方式向学生传授深化作文主题的方法，帮助学生为文章创作注入灵魂，实现文章创作的进一步升华。

总而言之，语文教师可以利用微课教学的方式对学生进行分块式训练，帮助学生进行作文的强化练习，最终提高作文写作的整体水平。

第六章 核心素养视域下高中语文研学旅行课程设计

第一节 高中语文研学旅行课程的必要性

学科核心素养是当下教育改革坚持的一条主线，然而目前语文教学主要集中在课堂上，教师以讲解知识为主，学生被动地接受知识，这样不利于学生的核心素养的提升，研学旅行可提供真实的课堂情境，弥补了校内课堂的不足，因此利用研学旅行来培养和发展语文核心素养是非常必要的[①]。

一、单一的语文课堂教学不利于学生核心素养的提升

（一）传统课堂教学惯用重知识轻能力的讲授法

在目前的高中语文教学中，许多教师在语文课堂教学中还在沿用着传统语文教学方式。语文课程传统教学是教师以教材文本理论为载体，以教师为中心，以言语讲解教学方式为主，缺乏课堂的活力，就会出现学生对语文学科的误读，渐渐丧失对语文的学习兴趣与动力，只能以死记硬背等机械方式进行语文学习，继而不能准确理解语文学习的意义，

①胡梦姣．基于研学旅行的高中生语文核心素养培养研究[D]．南京：南京师范大学，2021.

这对于学生语文学科核心素养发展是有百害而无一利的。尽管多媒体教学已经被引入到语文课堂教学中，但随着教学方法的日益丰富和教学内容的直观，许多教师没有充分发挥多媒体的价值，只从全班教学转向全屏教学，教学方法和理念没有根本性的改变，很难真正吸引学生对语文的学习兴趣，也很难练习和提高汉语学习技能，更难实现语文学科核心素养培养的目标。

（二）教学重结果轻过程，缺乏课外实践活动

教师作为教学活动的组织引导者，应尊重学生的主体地位，采取多种教学方法，激发其求知欲。但传统的语文课程存在着两大问题，学生主动参与课堂的机会较少，大多被动地接受学习。教师过分强调学习的结果，大多让学生记住结果，而学生缺乏对知识的内化，使学生难以真正理解和应用语文知识，这对于培养学生核心素养不利。在应试教育高压下，为了达到学生的高效学习，教师往往采取“满堂灌”的教学形式，使得学生识记语文知识，课堂教学成为该教育条件下语文教学中最重要的教学形式。对于那些能引起学生语文学习兴趣的课外实践活动来说，更多关注的是他们的学习体验、实践能力以及综合素养，忽略了学生学习语文过程的体验性以及实践能力的发展，这将使他们在语文学习中仅停留在表层，很难从深层去领悟作者表达的感情，发散其语文思维。另外，由于语文课堂教学活动空间受限，学生与自然社会隔离，其实践能力的发展受到制约，十分不利于学生把语文知识应用到实际工作中去，造成了学生语文学科核心素养发展教学效果不高。

二、研学旅行是语文学科核心素养培养落地的有效途径

（一）灵活运用教学手段，引导学生自主解决问题

研学旅行打破了校内时空上的束缚，为学生提供真实的教学情境，开展体验性、研究性的学习活动，使语文教学全面融入社会实践，将真正开放的自然社会转变为学生学习的“新课堂”。在研学旅行课程中，

教师可以采用灵活多样的教学方法，引导学生自主学习，这时学生不再是被动地接受和复制教师教授的学科知识，而是通过亲身体验、参与多种活动获得更多实践性知识，对学校获得的知识和相关内容进行梳理和整合，构建新的意义。学生通过参与研学旅行的具体实践活动，各种理论知识可以不断地被验证或证伪，以进一步理解和掌握事物发展的基本规律，进而可促进学生核心素养的发展。

（二）研学旅行体验性、研究性学习并重，有利于学生核心素养的培养

研学旅行以体验性为显著特征，它是一种借助旅行来组织学生开展体验研究性学习活动的方式，要求学生从课堂上走出来到现实情景中进行研究性学习活动。研学旅行作为一门新兴的课外实践教育模式，为学生提供真实的实践情境，学生与朋辈合作，主动发现问题并解决问题，进而培养学生的自主学习探究能力、实际问题解决能力和创新能力，从而有效提升学生语言、思维、审美、文化的语文素养。

1.研学旅行可促进学生的语言运用

语言的建构与运用是语文核心素养的基础，学生是通过具体的实践和交流活动来运用语言文字的。学生在具体的学习情景中，积极参与实践学习活动来运用语言文字，逐步提升听、说、读、写能力。校内语文课堂的传统教学模式，教师主要以讲授法为主，无视学生在课堂中的主体地位，学生往往只吸收教师传授的知识点，降低了学习的兴趣，缺乏自由表达交流的机会，只注重结果而不考虑知识来源，学生的主观能动性显著降低。而研学旅行课程为学生听、说、读、写能力的发展创造真实的学习环境，发挥了学生的主观能动性，为每一个学生提供了建构和运用语言的机会。例如，在研学旅行中让学生分别自我介绍，学生应该首先打个草稿，这就体现了语言的建构，并鼓励学生勇敢地表达自己，这体现了语言的运用。在研学旅行过程中，学生摆脱了课堂上举手发言传统方式的“封闭环境”，有更多机会和其他人交谈，充分表达自己的

想法。在丰富多彩的活动中，教师讲解有关语言运用技能等知识，引出学生感兴趣的话题，积极引导学生主动和同伴交流自身的经验和观点。学生可根据活动主题和学习任务收集相关材料，为写作积累丰富素材。此外，教师还需要为学生在研学旅行过程中讲解语言建构与运用的规范性，比如与他人交流过程中注意礼貌用语，保持说话清晰流畅，表情要自然大方，别人在讲话时要保持耐心和礼貌，用心倾听他人，切不可随意打断他人等，这为学生提供了更多语言运用的机会，学生也可以通过观察他人，学习他人语言表达的优点，择其善者而从之，其不善者而改之，审视自身语言表达的不足，在实践中提升语言建构与运用的能力，有效促进了自身核心素养的发展。

2.研学旅行可促进学生的思维发展

教师需要根据学生兴趣，使用恰当的教学方法，创造愉快的学习情境，设计提升学生思维发展的活动，传统课堂中语文教学大多是单一知识点的罗列，学生的批判性思维能力得不到锻炼。研学旅行将学生带到广阔的现实世界，他们在真实的自然和文化环境中学习和应用语言知识，逐渐学会用自己获得的知识去解决问题，并不断提高思维能力。在研学过程中，学生会遇到一些难题，与同伴合作交流、探究、收集和整理相关信息主动解决难题。在这个过程中，学生是知识有意义的建构者，不仅提升了语言技能，与他人交流中还锻炼批判性思维的发展。目前，大多数语文课堂教学都以传授概念性知识为主，学生只能被动接受，缺乏思考问题的机会，思维能力得不到发展，然而学生仅仅利用课堂上获得的知识来分析和解决问题，这种学习方式是单一的、僵化的。从长远来看，学生思维的发展陷入了困境，概念性学习难以促进学生的思维发展，长此以往学生会逐渐失去思考问题的习惯，思维品质得不到发展。研学旅行课程鼓励学生在实践学习活动中发现、提出和思考问题，利用所学的动态性知识来解决实际问题，激发其想象力，学生能够广泛而深入地思考问题，在发展思维品质的同时促进语文核心素养的提升，研学旅行课程真正实现了其独特的教育功能。

3. 研学旅行可提升学生的审美情趣

“审美鉴赏与创造”作为语文核心素养的重要组成部分，着重提高学生的文化品位和审美情趣。美存在于自然和社会的事物和文学的艺术领域中，研学旅行为学生提供自然的学习场景，目的是让学生发现和了解中国的自然之美和文化之美，欣赏自然、文化和民俗之美，创造美。在传统语文课堂上，学生通过阅读文本来体验文本背后的美好精神与品质，培养他们的审美意识。在研学中，学生可以近距离接触到中华深厚的文化、美丽的事物和当地的风俗习惯。他们可以在美丽的环境中体验美，并提高审美的能力，在这个过程中，他们可以完善自己的性格。在研学旅行结束后，教师可以举办演讲比赛、摄影展、绘画展等活动，指导学生积极参与，给予学生创造美的机会。

4. 研学旅行可提升学生的文化素养

文化素养包含两层含义：第一个是对文化（文学）的理解；第二个是对待事物的心态。研学旅行是提高学生文化素养的重要途径，可以参观名人故居、纪念馆（比如焦裕禄纪念馆），学生在游览过程中参观人文景点，身临其境零距离接触自然人文环境，可以加深对自然人文的理解，激发学生对祖国河山和文化的热爱之情。基于本区域，学生可以进行访谈、调查，有利于了解家乡的文化和风俗习惯，提高他们对家乡的文化认同感。在研学过程中，教师带领学生在特定的环境下品味和体验独特的文化，从而激发他们对了解文化的兴趣，比如教师可以讲述有关当地文化的故事，让学生背诵经典语句，让他们在运用语言的同时对文化也有更深的理解，提升文化品位，通过这种方式，学生不仅加深了对文化的理解，拓宽了文化视野，还可以树立正确的文化意识，继承优良传统文化，学生所获得的文化建构在很大程度上决定了人的文化视野和精神取向，进而决定了他们对生活本质的理解和审美情趣的发展。独特的实践模式使学生能够在现实生活中体验生活的方方面面，从而提高他们对当代文化的参与度和关注度，体验不同文化的内涵和品位，丰富他们对祖国文化的情感，提高其文化品位，并对提高学生的文化素养产生着无声的影响。

（三）研学旅行关注学生的成长过程，重视学生的综合评价

研学活动具有开放性，学生研究的主题、方法与结论并无固定准则，学生可参与多种具有创新意义的研学活动，有利于提升学生的创新能力。研学旅行中的学生评价具有多样性和开放性，它既以学生研学成果为基础，又以学生研学旅行过程中的表现为基础来开展相关评价工作，将学生研学活动的整体情况加以全面分析，并根据有关评价标准作出量化、个性化的评价，从而更加全面客观地评价学生，让学生明确自身的长处与短处，并作出相应的改变，继而促进学生核心素养的发展。

第二节　高中语文研学旅行课程的可行性

研学旅行是中学日常教育规划的重要组成部分，它可以实现校内外教育活动的统一融合，促进学生学科核心素养发展。把两者有机结合起来，一方面能够开阔学生的眼界；另一方面，可以为研学旅行的有效实施提供教学方向和目的。所以，以研学旅行为新路径发展语文学科核心素养有如下可行性。

一、研学旅行课程和高中语文核心素养的目标具有高度的契合性

《普通高中语文课程标准（2017年版2020年修订）》明确指出，把培养学生的语文核心素养作为主要目标，要求学生通过语文课程的学习逐步形成正确的价值观、具备关键的品格和能力。研学旅行打破了校内传统课堂时空的限制，无课堂学习为学生提供了宏大的学习场景，可以自由地进行交流和思考，在真实情境中亲身体验，感受和理解多种文

化，为学生提供了更多的经验和机会，最终实现学生全方面的发展。研学旅行课程目标和高中语文核心素养具有高度的契合性，具体表现为：第一，从教学理念上讲，语文核心素养旨在促进学生知识、能力、品质等多方面发展，研学旅行作为一种新的课程模式，其目的在于培养人的全面发展，二者均将提升学生综合素质作为教学理念。第二，从教学方法的角度来看，新课标提倡采用多种教学方法来促进学生核心素养的发展。在研学旅行中，教师必须具备较高的专业技能，真正成为学生的组织者和引导者。第三，就学生的学习方法而言，语文学科核心素养的培养目标中要求学生由传统被动接受型学习方式向自主、合作、探究学习方式转变。研学旅行具有体验性、研究性的特征，要求学生具备较强的自主学习能力与合作精神。两者要求学生学习方式转变具有一致性。第四，从评价方式上看，语文核心素养的培养目标中设置了5个不同层次学业质量评价标准，这更注重对学生综合评价。研学旅行的许多探究性问题并无标准答案，旨在发散学生的语文思维和开阔眼界，培养解决问题的能力，这表明研学旅行也更加注重学生过程性表现与能力培养。因此，研学旅行与语文核心素养培养目标的高度契合是语文研学旅行课程具有可行性的重要依据①。

二、研学资源的丰富性为学生语文核心素养的发展提供了可能

我国文化源远流长、类型众多，与语文学科课程相关的研学旅行资源十分丰富，对语文教学发挥十分重要的辅助作用。学生在研学旅行中可以亲密地接触到自然，这是作者和读者共鸣的一个环节，学习直观性比较强，学生可以更加深入地认识语文。通过指导学生实地收集、归类、整理教材中的有关知识，可以促使他们应用语文知识并体验作者的感受，获得语文的学习方法。组织学生进行自主学习可以锻炼他们在理解语文的基础上，对语文知识的运用能力，进而获得探索语文的途径与技巧，促进问题的解决。学生和作者置身于真实情境之中，相对于书本

①齐沁儿．研学旅行融入中小学语文课程的探索[D]．上海：华东师范大学，2022.

中空洞无物的文字描述而言，给学生带来更多的心灵震撼，更易使学生产生情感上的共鸣，进而促使其家国情怀的形成。丰富的语文研学资源使与研学旅行相结合来发展学生语文学科核心素养既成为可能，又能够很大程度地弥补课堂教学中存在的缺陷，有利于实现语文学科核心素养人才培养目标。

三、研学旅行课程与高中语文课程的本质关联

高中语文研学旅行课程的设计，不仅要根据语文学科本身的特点，还要注意是否与国家课程的要求相违背，是否超出了国家课程建立的框架范围。在语文课程基础上建立的研学旅行设计不得违反国家课程的基本要求，研学旅行课程的设计理念应与高中语文课程的理念相一致。

《普通高中语文课程标准（2017年版2020年修订）》对语文学科基本理念作出了界定，强调语文课程是一门“实践性”课程，反映了课程标准对于学生实践探索和学习过程的关注，还强调了语文学习和实践的机会“无处不在”。学生所受的文化熏陶很大程度上影响着他个人的文化视野和精神方向，也影响着学生对生活本质的理解和审美的发展，语文研学旅行课程独特的学习方式和实践模式让学生在真实情境中体验日常实际生活，提高学生对当代文化的参与度和关注度，体验不同文化的内涵，开阔学生文化视野，并对学生的人生观产生着无声的影响。语文研学旅行课程注重培养学生的语文核心素养，比如提升学生的语言运用和表达交流的能力，但这与真实的情境体验密不可分，没有经验的表达是冗长和空洞的，学生表达能力弱的原因是他们缺乏与自然和社会真实情境的接触，学生的求知欲难以被激发出来，然而研学旅行课程旨在通过以文载情、以景触情的方式提升学生的语文技能，使学生积极主动地学习，恰巧解决了这一问题。学生在接近生活的情境中可以激发其真实感受，表达他们对自然、社会和生活的真实情感和理解，这也恰巧契合了课程标准的理念，促进学生语文核心素养的发展。因此，研学旅行课程的设计理念旨在补充传统高中语文课程的不足，在校内语文课堂为主

体的同时，研学旅行属于语文课程的一个组成部分，是语文课程实施的一种特殊形式，研学旅行作为载体加大现实性的实践内容，这激发了学生的求知欲和好奇心，符合高中语文课程标准的基本理念，通过探究合作学习方式来激发学生的问题意识和进取精神，通过跨学科学习来提高学习效果，拓宽学生的文化视野。本课程的设计遵循高中语文课程的理念，不违反国家课程的要求。

四、国家支持在中小学阶段开展研学旅行

目前素质教育大多只停留在口头上，难以在教学中落实，更注重“知识”，而忽视了对“行”的关注。研学旅行课程在广阔的社会中进行，学生在真实的学习环境中进行体验和实践。学生作为课堂的主体，运用五官，让学生动口积极表达、大脑思考和实践中体验、理解和反思，不仅让学生体验周围的人文世界，也可在学习过程中提升自我认知能力。“方其知之，而行未及之，则知尚浅”，研学旅行使知识与实践相结合，可有效弥补校内传统课堂学习的不足。国家重视研学旅行课程，先后颁布了系列政策文件。国务院办公厅2013年2月2日印发《国民旅游休闲纲要（2013—2020年）》，纲要中提出“逐步推行中小学生研学旅行”的设想。国务院2014年8月21日《关于促进旅游业改革发展的若干意见》中，首次明确将研学旅行、夏令营、冬令营等作为青少年爱国主义和革命传统教育、国情教育的重要载体，纳入中小学生的日常教育范畴，增进学生对自然和社会的认识，培养其创新能力和社会实践能力。按照“教育为本、安全第一”的原则建立研学旅行体系，在小学专注于乡土乡情，在初中专注于县情市情，在高中专注于省情和国情。2016年教育部等十一部门印发的《关于推进中小学生研学旅行的意见》指出：教育部门和学校作为组织团体，有组织、有计划地开展校外教育活动，将研究性学习和研学旅行相结合。教育部于2017年正式公示了研学旅行的示范基地，在核心素养的全面推进下，研学旅行受到越来越多学校的青睐，成为课堂教学与校外实践相融合的新宠。目前，我国继续

推出研学旅行政策，促进研学旅行的发展。为了促进中小学研学旅行的发展，国家正在积极开展研学旅行试点工作。此外，国家还通过积极推广研学旅行课程和鼓励创建专业研究机构，支持和促进研学旅行的发展。可以看到，在国家的大力支持下，开展中小学研学旅行课程是未来发展的趋势。

第三节　高中语文研学旅行课程设计

根据课程模型开发理论，本文将研学旅行课程设计流程明确为四个部分，分别是：基于语文核心素养的研学旅行课程目标、课程内容的选择与组织、课程的实施、课程的评价与总结。

一、基于核心素养的语文研学旅行课程目标的制定

制定课程目标是整个课程设计至关重要的部分，是整个课程设计的灵魂和起点，它指导着课程内容的选择和教学方式，并直接影响课程实施的效果。语文研学旅行课程结束后，学生语文学科核心素养所达到的预期值，这是课程设计过程中关键的一步。在制定语文研学旅行课程的目标时，由于是交叉学科课程，首先要符合语文学科课程的特点，目标的制定应基于学生的实际情况，对高中语文课程标准和语文研学旅行课程指南进行认真地研读。时代日新月异，在制定课程目标时，要符合时代性，跟随时代的主流方向，展现新时代的活力。

（一）课程目标制定的依据

研学旅行作为语文综合性学习，具有课程、教学、评估的一致性和连贯性。这就需要把语文课程标准中的目标与内容、综合实践活动课程中的目标与内容、研学旅行课程的研发与实施标准，三者进行整合考虑，同时也要以学生学习情况为基础，体现出语文的学科特点、符合时

代的要求，并充分考虑到学生在实际进行活动中的过程与结果，把上位目标再二次分解转化成有利于教学实践的具体教学目标。

1.体现语文学科特色

学科是课程发展的基础，研学旅行课程的特色是由语文学科的特点来决定的，因此语文旅游课程目标的确定必须根据语文学科的规律，这体现了语文学科可以发挥广泛的教育功能。在制定课程目标时，根据国情、省情来梳理校外学习资源与高中语文教材相融合，促进和培养学生的家国情怀，并在不同的区域进行研学，教室不再是实施课程的唯一场所，如图书馆、多媒体室、博物馆等。可以通过辩论、报告、小论文等多种形式来实施，最终开发出适合高中生的语文研学旅行课程，同时在课程进行前，要精心设计其课程的草案和实施计划，使学生了解语文与生活的内在关系，通过实践逐步提升逻辑思维能力，促进语文核心的基本素养。

2.学情

学生是课程实施的主体，也是课程的培养对象。高中学段的教育强调学生在学习过程中主动建构知识、独立思考和解决问题的能力，更注重培养学生的思辨思维和理论思维。由于高中教学时间短，课程可以根据实际情况进行调整。在现实中，学生参加研学旅行的人数规模在100人以上，学生之间存在个性和情感、认知和思维差异，若依据相同的研学课程目标，课程实施后的效果甚微，所以，教师应基于学生现有学习的实际状况、兴趣、学习水平，结合学生的认知和心理状态来制定课程目标，考虑“在课程实施过程中开展适合学生的学习活动”；“学生如何实践来体现课程的价值”等问题，依据学生当前的学习水平进行总体规划，建构学习支架，以班级为单位整体规划，制定适合学生的课程目标。

3.符合社会发展的需求

当前信息全球化的发展需要大量人才，而社会的快速发展所需的人才来源于学校教育的培养。学校教育不能涵盖所有方面，为了实现语文学习的迁移，创设的学习情境必须与学生真实生活相似，这样学习迁移才有可能发生。通过参与开放、多样的语文学习和实践活动，引导学生参与现代传播和文化交流，欣赏现代文化，亲身感受中华优秀传统文化的魅力，并运用语言文字的过程中坚定文化自信，增强使命感，培养学生的爱国之情，为实现中华民族伟大复兴而奋斗。满足社会对多样化人才的需求和学生对语文教育的期待，学生开阔了视野，发挥自身特长，培养学生的个性化品格，使学生语文核心素养得到了有效培养[①]。

4.遵循语文新课标

《普通高中语文课程标准（2017年版2020修订）》是教育部制定的规范性文件，指导着语文教学和教学的内容，起到了提纲挈领的作用，制定语文研学旅行课程目标时，要根据学生对语文的实际需求和教学的需要，进行细化、灵活设定。因此，在制定其课程目标时，必须遵循语文课标，反映语文学科的总体目标。

5.遵循《中小学综合实践活动课程指导纲要（2017年版）》

教育部印发的《中小学综合实践课程指导纲要（2017年版）》，对研学旅行这一课程目标的确立最为直接、最具权威性的基础，就其本质而言，研学旅行课程和学科课程都可“齐名”。其价值体认、责任担当和问题解决是关键，结合本研究需要，笔者总结了高中学段综合实践活动课程的目标，如下表所示。

①崔玲玲．学科核心素养视域下高中语文研学旅行课程设计研究[D]．闽南师范大学，2023.

表6-1　高中学段的综合实践活动课程的目标

学段	目标维度	具体表述
高中	价值体认	深化社会规则体验、国家认同，初步体悟个人成长与职业选择、社会进步、国家发展和人类命运共同体的关系，增强根据自身兴趣专长进行生涯规划和职业选择的能力，强化对中国共产党的认识和情感，具有建设中国特色社会主义共同理想和国际视野
	责任担当	关心他人、社区和社会发展，能持续地参与社区服务与社会实践活动，关注社区及社会存在的主要问题，热心参与志愿者活动和公益活动，增强社会责任意识和法治观念，形成主动服务他人、服务社会的意识，理解并践行社会公德，提高社会服务的能力
	问题解决	能对个人兴趣的领域开展广泛的实践探索，具有一定深度的问题，综合运用知识分析问题。能及时对研究过程及研究结果进行审视、反思并优化调整，建构基于证据的、具有说服力的解释，形成比较规范的研究报告或其他形式的研究成果

由此可见，很多目标能力都和语言文字运用这一语文学科核心要素有关，它能给语文教师开展具体教学提供指导，对高中生来说，进一步提升其编写规范调研成果的能力。

（二）遵循《研学旅行教育课程研发与实施标准指南（2018年版）》

通过对以上绪论部分政策文件进行梳理，可得出结论，研学旅行课程已经成为基础教育的一个重要组成部分，研学旅行课程有待继续构建与完善，并使之融入中小学课程体系。《研学旅行教育课程研发与实施标准指南（2018年版）》阐述了课程性质、总体目标、学段目标、五大领域的内容标准以及实施建议，以期对我国中小学研学旅行课程设计与实施起到一定的指导作用。通过调研、实践、访问等方式，让学生深化语文学科知识，深刻认识课堂教学内容和现实生活之间的联系，提高学生的生活技能，激发学习兴趣，对于学生的课堂学习起到了辅助与融合的作用，由此发展学生语文核心素养。

（三）制定课程目标需要注意的问题

1. 目标的层次性

课程目标对研学主题的确定、研学内容的选择、课程实施、课程评价起着指导作用，根据目标实现所需的时间，可以将其分为三个层级：总目标、语文研学旅行课程目标和研学单元目标。总目标是由国家制定的政策文件中确定的所有开展研学课程的学校要实现的目标，制定主体是国家层面，是研学课程要达到的宏观目标。课程专家是课程目标制定的主体，必须依据国家政策指导、学校的教学理念、研学主题和研学路径中涉及的教育资源。单元目标是课程目标的细化，由研学导师来制定，一个研学主题可能会包含多个地点，挖掘其中的教育资源，分析这些资源的教育价值，可以加以梳理、整合，形成教育价值的任何研究单元中（每个研究单元都是一个小主题），并设定研学的单元目标。布鲁姆提出了目标分类学，根据此理论得出，学生认识事物的规律是从浅到深的，语文课标中教育专家也划分了语文核心素养水平的层级，每级语文学习水平对培养学生的基本能力都有不同的要求，在制定研学旅行课程目标时，需要了解学生的现有学习水平，目标要从简单到复杂、逐步提高难度，并形成层次化的目标体系。

2. 目标的综合性

在制定研学旅行课程的目标时，教师应全面综合分析研学基地的教育资源，这些资源可以融入当地的经济和社会生活、文化，综合分析，然后，他们需要梳理和整合，纵向和横向结合，增加学生的知识量，从而提高学习质量，促进学生更好和全面的发展，培养学生的家国情感。

（四）目标陈述的要则

上述3份政策文件以及结合时代特征和学生自身实际情况等，为语文教师制定研学旅行课程目标提供了参考，因此下一步是将总目标划分为若干个可以体现研学旅行活动过程和结果的目标要素。

1.体现操作性

语文研学旅行作为一门综合性课程，一定是“行”起来、“动”起来、“做”起来的，目标应该清晰表述出需要做什么以及如何做。例如：学生跟随研学导师的脚步进入清华大学“近春园”景区，参观景区中体现荷塘文化的事物和景观，并将其与经典文章《荷塘月色》相结合，深入了解荷塘文化基本内涵，并总结你的见解和想法，为下午来参观的其他游客作讲解员。

通过这种目标表述方式，学生对该做什么就有了清晰的理解。学生认真听讲研学导师介绍与荷塘文化有关的讲解，并回忆课上所学教材的知识，梳理并整合成自身的知识，从而为其他游客作讲解。尤其当学生有清晰的学习目标后，比如向其他参观者作讲解，这样他们会感到既新奇又有压力，从而对学习产生了动力，他们就会格外认真地听研学导师讲解，细心观察游览路线等，此时学生头脑中会发生独立思考的过程，语文教师也可以根据这几个关键点来评判学生的学习效果，比如学生是否认真聆听研学导师的讲解，学生整理回顾教材知识的全面程度、学生为其他游客讲解的情况。这就让他们的学习行为能够最大限度地得以落实，也让教师的评价行为有了可测量的尺度。

2.区分阶段性

研学旅行课程有前、中、后三个时期，以学生已掌握的知识经验为依据，在课程目标的设置上，也要考虑由浅入深的发展规律，不允许有目标前置或后置的现象发生，笔者以高中语文教材中“乡土乡情”这一单元为例，举例说明研学旅行这一课程目标的设置。

环节一：以乡景染情——用笔写出故乡的自然风光

目标：描写一个给人留下深刻印象的故乡自然景观。

环节二：以乡史明理——调研寻找前人的辉煌足迹

目标：参观考察家乡名人故居，探索家乡县志、古籍记载语文名人生平，并引以为豪。每个小组选择一个主题完成一份专题报告。

环节三：以乡境励志——用实际行动为缤纷的青春梦想赋能

目标：参观故乡先进企业、经济开发区、新农村建设示范区建设，探寻改革开放以后故乡的成长轨迹，从中得到启示，写下《职业生涯规划书》，并且和全班同学进行沟通交流。

在这一组的学习任务里，所制定的研学旅行目标由浅入深、一目了然。了解语文文化遗迹和人物事件“自然景观—语文名人—现代成就”，研学之客体由具体到抽象，由单一到复杂“描述—梳理—调查”，在语文实践活动中，难度同样遵循着由低级向高级发展的规律“欣赏—鉴赏—评价”，让学生通过自己的观察与思考，逐步学会用文字表达自己对自然、语文及社会现象的独特理解和认识，“感受美—自豪感—行动力”，提升学生审美、感受美，他们的情感态度与价值观亦逐步升华。

简而言之，语文研学旅行课程目标规划着学生语文学习的进程，指导着整个课程的编制，是最为关键的准则，规定着研学课程结束后学生所需要达到的能力和素养等。教师在制定课程目标时，要有一定的基本依据，比如课程标准、两份指导纲要、学生的心理发展特点、社会需求等，也要注意存在的问题，在学习和旅行之间找到平衡点，力求在与自然和社会文化接触中实现课程目标，保证学生在课程实施结束后满载而归。

二、基于核心素养的高中语文研学旅行课程内容选择

课程内容是指各门学科中特点的事实、原理和问题，以及处理它们的方式，作为课程设计的一项基本环节，它由一定的知识、活动、技巧、思想和学习习惯等构成，是具体的、生动的、发展的和多元的，对于整个课程的设计具有基本性的调节作用，在语文研学旅行中，课程内容是实现目标的基础和载体，也是主要评价对象。对于整个课程设计而言，选择和组织语文研学旅行的课程内容是至关重要的环节，它直接影响到整个课程的质量和水平。

（一）内容选择的依据

语文研学旅行课程打破了固定教材的限制，课程内容来源于复杂的社会文化和课程有效资源的开发、利用，通过梳理并整合选择适用于学生的内容，教师要注意课程内容不仅与现实社会生活息息相关，而且也要符合时代对学生的需求，以促进学生未来发展。语文课程资源包括学科教材、社会资源，学科课程标准成为课程内容选择的重要部分，因此语文研学旅行课程的内容可以从高中语文课程标准、语文教材和学生所在的当地资源中选择。

1.高中语文课程标准

《普通高中语文课程标准（2017年版2020年修订）》是专家编写教材的首要依据和指南，是语文教学内容的主要依据之一，只有在活动主题栏中，课程标准表明“学生应通过开放学习积极参与现代文化生活”。学生被要求离开校园进行实地观察和实地研究。通过实地研究和教材文本的综合学习，可以提高学生的语文技能，加深对文化现象的理解。新课程标准还强调，学校和教师应充分利用图书馆、博物馆、文化中心和名人故居等资源，这表明语文教学资源非常丰富，并鼓励学生充分利用研学资源，在真实的文化场景来体验中华文化，这更容易激发学生的学习兴趣，补充他们在课堂上所学的知识。教师在指导学生进行实地考察时，教学生如何使用所学知识来分析问题，语文研学旅行课程的开展需要注重学生的思维能力培养，尤其是批判性思维等方面。这些能力的提升能够为课程的顺利进行提供指导，具有一定的参考意义。

2.语文教材

2019年版的高中语文教科书，包括高中语文必修上下册、高中语文选择性必修上中下册。语文教材是学生语言学习和理解的主要载体，是应用和发展学生语文技能的有效工具，是展示语文技能内容的核心。内容的深度影响着学生对语文问题的理解。语文教科书中的内容是被精心挑选编入的，具有典型性和代表性的特点，包含了一些地区的区域文化，同时也为每个单元的教学提供了建议，强调部分教材内容应更贴近实际生活，这也意味着该部分内容适合于研学旅行，以教材为基础，选择和组织语文研学旅行课程的内容。教师可以以教材内容为依据，引领学生在校内学习语文基础知识，通过查阅相关资料，进行探索和拓展，最后再梳理整合成研学旅行的课程内容。以研学旅行为载体，教师带领学生在真实情境中参与语文学习活动，因此研学旅行是语文课程的深化与延伸。以下是笔者总结出的教材可以与研学旅行课程相结合的内容、学习建议和研学地点的推荐。

表6-2　语文教材研学旅行资源

教材	与教材相结合的研学内容	学习建议	研学地点推荐
语文必修上册	故都的秋	实地考察文中所提到的自然景点，体会民族审美心理，提升文学欣赏品位，体会作者表达情感，培养对自然的热爱之情	北宫森林公园
	荷塘月色		清华大学荷塘
	我与地坛		地坛公园
	沁园春•雪		西柏坡
选择性必修上册	中国人民站起来了	回顾语文，展望未来，感受作品中洋溢的革命豪情和建设热情，获得崇高的体验，体会革命文化和社会主义先进文化，欣赏时代特征的表达艺术，抒发中国人民的自豪之情，表达中华民族伟大复兴必将实现的坚定信念	天安门
	长征胜利万岁		国家军事博物馆、陕北吴起镇
	焦裕禄		焦裕禄同志纪念馆

3. 乡土文化资源

乡土文化资源是语文研学旅行课程的重要资源，是在人类、自然和社会互动过程中形成的独特的民俗风情、文化传统和自然景观。学生语文核心素养的培养基于对语文的全面认知之上，不仅要了解基本的语文知识，还要理解文字背后所包含的文化。高中语文教科书中的内容都是专家精心挑选编入的，有些内容包含了一些区域文化，所以具有深厚文化底蕴的地方资源也就成为研学课程内容的巨大宝库。《关于促进旅游业改革发展的若干意见》还指出，每个地区都有一定的地域特色和文化，学校应该据此来开发研学旅行课程体系，最大程度地利用和开发当地的文化资源，比如选择本市的博物馆、文化馆和人文景点，立足于乡土文化资源，使学生能够在真正熟悉的环境中聆听和感受本地文化，激发学生研究本地文化的兴趣，查阅相关资料，从而引发学生对本地文化的思考，增加对地域文化认同感，认为家乡是钟灵毓秀的地方，同时也培养了学生对家乡的热爱之情。

（二）内容组织方式

课程内容的选择决定了研学的区域和考察的内容。国内尚未制定统一的语文研学旅行手册、教材，为达到最高的学习效率，需要对众多的语文知识和课程内容进行科学合理的组织，使呈现的课程内容更加准确、合理。

1.横向扩散组织方式

横向扩散组织方式指打破语文学科的知识界限和传统的知识体系，按照学生发展的阶段，以学生心理发展阶段需要探索的、社会最为关心的问题为依据，将多种学习资源整合起来，来组织编写教材内容，构成一个相对独立的专题，以便于学生更好地探索和学习。先确定语文研学旅行课程的主题，明确课程的价值追求，利用多种教育资源，梳理并以横向扩散式将内容整合起来，为选择和组织课程内容提供方向指导。以清华园为例，结合高中语文统编版必修上册教材《荷塘月色》，在组织语文研学旅行课程内容时，可以将研学主题制定为“荷塘月色”，围绕这一主题采用横向扩散组织的方式，比如有关这篇文章的时代背景文化、荷塘文化等。

2.先后顺序组织形式

泰勒认为课程内容的组织是建立在先前内容上，课程内容应有所延伸，坚持循序渐进、由浅入深的原则，使课程内容呈螺旋式上升，语文事件的发生不是偶然的，而是经过从量变到质变的漫长过程。本次研学旅行课程内容组织方式按照教材中作者夜游荷塘的行踪先后顺序来编排学习内容并组织学习活动，学生在不同地点体会作者情感变化，锻炼其思维能力，这也符合学生的认知规律。

三、基于核心素养的高中语文研学课程实施

语文课程的实施是一个动态的过程，是整个课程设计过程的重要组成部分，是改变人们对研学旅行错误认识的关键环节。朱红秋提出了“三阶段四环节”操作模型，指导实施语文研学旅行课程。课程的实施可大致分为三个阶段：前期、中期和后期。这一模型对于研学旅行课程的实施过程具有重要的指导意义，并且可以保证该课程的有效实施。

（一）基于核心素养的高中语文研学旅行课程实施前的规划

1.组建实施人员团队

为保证课程安全有序地实施，需要建设管理系统，学校要协调和组织各方人员共同协作，形成强大的力量。创建一个高质量的团队，为学生的发展服务，以确保课程的顺利实施。在制订课程实施计划时，学校可以向教育有关部门申请帮助与支持，与专业的服务能力强、声誉高的旅行社合作，确保课程实施过程中交通、餐饮、住宿、研究基地等后勤工作得到保障。学校可以在研学旅行课程开展前，对学生和教师进行安全教育培训，最好成立一个家长委员会，让家长自愿充当课程实施的后勤人员，促进家校合作，为研学旅行课程的顺利实施保驾护航。

2.重视研学手册的编制

由于课程的地点在户外进行，随时会出现突发问题，教师在课程实施前期，让学生学习安全手册，使学生具有自我保护的意识，应提前学习应急知识以应对突发状况。在研学旅行中体验式学习、观察学习等学习方式占主要地位，学生的视、听将无形中地受到影响，而编制研学手册就显得十分重要，它不仅是学生进行研学活动的指南，也是课程评价的凭据。研学手册中的内容有很多，包括致家长的信、安全规定、课程介绍、行程安排、研学基地介绍等。编写研学手册时应当力求简洁明了、易于操作。

（二）基于核心素养的高中语文研学旅行课程开展方式

1.讲解—接受式

讲解—接受式教学方法适用研学旅行活动，研学导师为学生讲解研学基地概况、风土人情、文化知识等，学生以笔记的形式记下来。例如：在近春园游览荷塘时，研学导师可以为学生讲解近春园的建筑语言、荷塘的由来以及当时作者朱自清所处的时代背景，增加学生的学习热情。研学导师要灵活地运用多种教学方式，引导学生进行积极自由的讨论，真正理解其文化内涵。

2.引导—发现式

引导—发现式教学主要是以研学任务中的问题为中心，将学生置于现实生活中，在学习任务的驱动下，学生不断分析问题，成为学生探索和行使学习自主性的压力，从而学生主动回答问题。在与学生互动时，教师应把控好问题的难度，学生通过查阅相关资料和亲身实践获得答案。这种教学方法尊重了学生在课程学习中的主体性，可以加强学生的逻辑思维，引导他们能够将学到的知识应用到生活中。教师的主要作用是支持学生发现问题并引导学生主动解决问题。

（三）基于核心素养的高中语文研学旅行课程成果展示

1.书面成果类

研学旅行课程结束后，最常见的研学成果展现形式是以文字或者书面材料进行研究探讨的总结。一般来说，它包括研学报告、海报、文章、小论文等，其中最常见是以简单明了的文字写一篇字数不限、题目自拟的研学感悟，记录自身的深刻体验，研究报告建议学生在基本研究方法的指导下结合他们的经验和看法，发展他们的研究能力。回归研究性学习的本质，并继续走向最美丽的课堂。研究报告由四部分组成：题目、序言、正文和总结。根据研学主题以及自己所研究的问题，学生运用一定的研究方法，结合查阅的相关资料，在研学课程结束后再根据学生在研学中自身的经验和认知形成总结，主动去解决问题，以培养他们的探究能力和语言表达写作的能力。

2. 成果展示类

成果展示类的活动是为了展现学生研究成果而举行的，这些活动包括辩论赛、报告、作品展览、文学表演等。通过这些活动，学生不仅仅是展示自己的作品，更重要的是与教师和同学进行思想和情感的交流，促进了师生之间的关系，同时也增强了学生的成就感。

3. 多媒体技术类

信息全球化的时代，多媒体技术已成为每个人必备的基本技能。由于初中信息技术课的开设，高二学生已具备运用计算机处理文本、图形、图像等信息的能力。研学旅行过程中鼓励学生带相机、手机等电子产品，学生用手机或相机拍照，捕捉学习过程中值得记录的瞬间，使得研学成果具有生动的特点。当回到学校时，剪辑短视频，创作电子相册和美篇。教师组织举办展览活动，学生可以将剪辑好的短视频、美丽风景照展示出来，这样可以淋漓尽致地展示学生研学活动的结果。

参考文献

[1]曹秀云.群文阅读视域下高中语文古诗词教学策略研究[J].语文教学通讯·D刊(学术刊),2023(10):8-10.

[2]崔玲玲.学科核心素养视域下高中语文研学旅行课程设计研究[D].漳州：闽南师范大学,2023.

[3]丁维佳.高中语文大单元教学设计优化研究[D].南京：南京师范大学,2021.

[4]段晓琴.学科核心素养导向下高中语文“大单元”教学设计初探[J].甘肃教育研究,2023(02):68-70.

[5]方庆年.浅议核心素养下语文学习习惯的培养[J].甘肃教育研究,2024(03):120-122.

[6]高秋兰.群文阅读在高中文言文教学中的运用研究[D].伊犁：伊犁师范大学,2023.

[7]谷沛泽.高中语文小说群文阅读教学策略研究[D].哈尔滨：哈尔滨师范大学,2021.

[8]胡梦姣.基于研学旅行的高中生语文核心素养培养研究[D].南京：南京师范大学,2021.

[9]廖妍.核心素养下高中语文大单元教学设计优化策略[J].文学教育(下),2023(09):179-181.

[10]刘扬.核心素养理念下的高中语文写作教学策略探究[J].语文教学通讯·D刊(学术刊),2023(08):11-13.

[11]柳春焘.翻转课堂在高中语文教学中的实施策略[J].西部素质教育,2019,5(09):144.

[12]齐沁儿.研学旅行融入中小学语文课程的探索[D].上海：华东师范大学,2022.

[13]申远远.基于课程标准的高中语文阅读“教学评一致性”研究[D].临汾：山西师范大学,2022.

[14]孙智国.高中语文教学的挑战与机遇[J].陕西教育(教学版),2024(03):55-56.

[15]王鸫礵.群文阅读在高中现当代散文教学中的应用研究[D].喀什：喀什大学,2022.

[16]王福洲.新语文学习评价方式的实践探索与反思[J].华夏教师,2023(01):53-55.

[17]韦姜林.语文核心素养视域下初中寓言教学研究[D].洛阳：洛阳师范学院,2023.

[18]张苗.核心素养视域下高中语文写作教学实践策略研究[D].上海：华东师范大学,2023.

[19]张培.论新课程标准下的高中语文教学改革[C].廊坊市应用经济学会.对接京津：社会形态 基础教育论文集.河北省沧州市第二中学,2022:3.

[20]张馨木.语文核心素养视域下高中作文教学的策略[J].汉字文化,2024(04):141-143.

[21]赵晓霞,王光宗.学习情境：撬动语文学习任务群的支点[J].中学语文教学,2021(07):4-8.